고민하는 힘

NAYAMU CHIKARA
by Kang Sang-jung

Copyright ⓒ Kang, Sang-jung 2008
All rights reserved.
Original Japanese edition published by Shueisha, Inc.

This Korean edition published by arrangement with Shueisha, Inc., Tokyo
in care of Tuttle-Mori Agency, Inc., Tokyo through BC Agency, Seoul

이 책의 한국어판 저작권은 Tuttle-Mori 에이전시와 BC에이전시를 통해
저작권자와 독점계약한 (주)사계절출판사에 있습니다.
저작권법에 따라 한국 내에서 보호를 받는 저작물이므로 무단 전재와 복제를 금합니다.

고민하는 힘

강상중 지음 **이경덕** 옮김

사계절

고민하는 힘

2009년 3월 27일 1판 1쇄
2024년 10월 5일 1판 26쇄

지은이 | 강상중
옮긴이 | 이경덕

편집 | 정보배
디자인 | 백창훈
제작 | 박홍기
마케팅 | 김수진·강효원
홍보 | 조민희

출력 | 블루엔
인쇄 | 천일문화사
제책 | J&D바인텍

펴낸이 | 강맑실
펴낸곳 | (주)사계절출판사
등록 | 제406-2003-034호
주소 | (우)10881 경기도 파주시 회동길 252
전화 | 031) 955-8588, 8558
전송 | 마케팅부 031) 955-8595 편집부 031) 955-8596
홈페이지 | www.sakyejul.net **전자우편** | skj@sakyejul.com
블로그 | blog.naver.com/skjmail **페이스북** | facebook.com/sakyejul
트위터 | twitter.com/sakyejul

값은 뒤표지에 적혀 있습니다. 잘못 만든 책은 구입하신 서점에서 바꾸어 드립니다.
사계절출판사는 성장의 의미를 생각합니다.
사계절출판사는 독자 여러분의 의견에 늘 귀 기울이고 있습니다.
이 책은 저작권법에 따라 보호받는 저작물이므로 무단전재와 무단복제를 금합니다.

ISBN 978-89-5828-356-0 03300

한국의 독자들에게

우리는 현재라는 참으로 고민이 많은 시대에 살고 있습니다. 게다가 고민의 원인은 끝도 없이 생겨납니다. 내일을 살아가기 위한 양식을 얻는 고민에서부터 살아간다는 것의 의미를 둘러싼 고민까지, 우리는 고민의 바다 속에서 일생을 보내야 하는 운명에 놓여 있다고 생각할 수밖에 없습니다.

『고민하는 힘』은 그런 '고민'이라는 키워드를 실마리로 삼아, '고민하는' 것이 '살아가는 힘'과 연계되는 회로를 '나는 누구인가', '일을 한다는 것은 무엇인가', '사랑이란 무엇인가', '돈이 전부일까' 등 우리가 지닌 근본적 문제와 결부시켜 내 나름의 생각을 피력한 '인생론' 같은 수필입니다.

이 책이 한국 독자들의 손에 들려질 것을 알게 되었을 때 내 가슴은 몹시 뛰었습니다. 내 부모의 나라인 한국, 나를 자애롭게 키워 준 재일 한국인 1세들의 조국인 한국, 그 한국의 독자들이 『고민하는 힘』을 읽어 줄 테니까요.

영국의 저명한 역사가인 에릭 홉스봄은 20세기를 극단의 시대라고 불렀습니다.

공전의 풍요로움과 끔찍할 정도의 빈곤, 과잉 살육과 평화의 희구, 과학기술의 승리와 종교 분쟁, 자유와 압제정치 등 20세기는 극단적으로 찢긴 짧은 백 년이었습니다. 그 극단의 모습이 한반도만큼 미증유의 과격함으로 드러난 장소는 또 없을 것입니다. 한반도는 극단으로 치닫는 시대의 압력솥과 같은 세계였습니다.

망국의 역사에서 가혹한 식민지 지배를 지나, 무자비한 전쟁과 패전, 해방 후의 참혹한 내전과 분단, 독재와 민주화운동, 폭력과 저항, 번영과 격차, 성공과 실패 등을 거쳐 오면서 한국의 현대사는 너무나도 격심한 진폭을 경험했습니다.

이에 비해 재일 한국인의 역사는 일본 전쟁사의 '이물질'로 일본인의 역사에서 가장자리로 쫓겨났고, 지금도 그 상황은 계속되고 있습니다. 일본인의 역사의 일부를 담당하면서도 그 바같으로 쫓겨난 재일 한국인은 동시에 한반도 역사의 일부이면서도 그 탯줄에서 잘려 나간 '디아스포라'적 '반(半)일본인(반쪽바리)'으로 취급받아 왔습니다.

나의 고민은 바로 거기에서부터 시작되었습니다. 나는 누구인가? 나는 어디로 귀속되는가? 나는 어디에 근거해서 살아야 하는가? 나는 누구와 만나고 누구를 믿어야 하는가? 이 세상에 믿을 만한 가치를 지닌 것이 과연 있기나 한 것인가? 이처럼 출구가 보이지 않는 물음이 빙글빙글 내 머릿속에서 맴돌았습니다. 때로는 자신을 말살시키고 싶은 충동에 시달린 적도 있습니다. 부모의 넘치는 애정을 한몸에 받으면서도, 나의 정체성에 대해 언제 끝날지도 모르는 물음 속에서 고민하며 나는 앞으로 나아가지도 뒤로 물러서지도 못한 채 웅크리고 있었습니다.

그 우울한 청춘의 시대, 내 옆에서 늘 속삭이듯 말을 걸어 준 것은 나쓰메 소세키와 막스 베버였습니다.

일본을 대표하는 문학가인 나쓰메 소세키에 대해 한국의 일반 독자들은 어떤 이미지를 가졌는지 잘 모르겠습니다. 일본의 국민작가라고는 하지만 한국의 젊은 독자들에게는 친숙하지 않을지도 모르겠습니다. 무엇보다 일본 젊은이들의 활자 이탈이 심각해서 대문학가의 작품을 한 번도 읽지 않는 사람들이 늘어나고 있는데, 하물며 한국에서 그 이름을 모른다고 해서 별로 놀랄 일도 아니겠지요.

또한 베버라고 하면 왠지 난해한 사회학의 대가 정도의 이미지밖에 떠오르지 않을지도 모르겠습니다.

그러나 이 두 사람은 감정 기복이 심했던 내 청춘을 수놓은 우뚝 솟은 위대한 존재였습니다. 나는 두 사람에게서 '고민하는' 것이 '사는' 것이며, '고민하는 힘'은 '살아가는 힘'임을 배웠습니다.

그들이 문학과 학문을 통해 계속해서 던지고 온몸으로 받아들이려고 했던 물음, 그것은 한마디로 '근대'라는 시대를 살아가는 우리에게 '인간적으로' 산다는 것이 무엇인가 하는 근본적 문제였습니다.

세계화의 진행으로 자본주의 근간이 흔들려 파국으로 치닫는 사태가 전세계를 덮치고 있는 이때, 한국이나 일본 또한 맷돌에 갈리고 으깨지듯 사람과 사람의 유대가 찢어지고 격차는 커져 잊힌 줄 알았던 절대적 빈곤의 그림자가 확산되고 있습니다. 많은 사람들은 얼이 빠진 듯 삶의 의미조차 잃고 불안 속에서 고민하며 고통받고 있습니다.

이 전반적 위기는 '근대'의 붕괴를 불러오고 있습니다. '근대'가 만들어 낸 수많은 화려한 유산 — 자유와 시장경제의 풍요로움, 민주주의와 평화라는 인류사적 유산 — 이 지금 위태로운 시련의 때를 맞이했고, 그 와중에 우리는 각자의 인생에

담긴 '살아간다는 것의 의미'를 묻고 있습니다.

역설적으로 들릴지도 모르지만 나는 이 시련 속에서 한국과 일본이 공통의 과제를 분담하고 있다는 생각이 듭니다. 사회적 맥락의 차이는 있겠지만, 그것은 한국과 일본의 독자가 두 나라를 하나로 꿰고 있는 듯한 과제 앞에 서 있음을 의미합니다. 한국의 독자에게 『고민하는 힘』이 전해지는 의미가 바로 여기에 있을 것입니다.

무엇인가에 홀린 듯이 풍요로움과 발전을 추구하며 끝없이 앞으로 돌진해 온 한국도 일본과 마찬가지로 자신을 지탱해 온 가치나 삶의 방식에 대해 그 뿌리에서부터 반성해야 하는 내적 반성의 시대를 맞이한 듯이 보입니다. 그렇다면 철저하게 '고민하고' 그래서 이제까지와는 다른 새로운 삶의 의미와 가치를 찾아내기를 기원합니다. 이 책이 그 과정에서 작은 안내서가 될 수 있다면 큰 기쁨이겠습니다.

2009년 3월

강상중

고민하는 힘
차례

● 한국의 독자들에게 5

서장 | 지금을 살아간다는 고민 13

1 | 나는 누구인가? 27

2 | 돈이 세계의 전부인가? 45

3 | 제대로 안다는 것은 무엇일까? 63

4 | 청춘은 아름다운가? 79

5 | 믿는 사람은 구원받을 수 있을까? 95

6 | 무엇을
  | 위해 일을 하는가? 107

7 | 변하지 않는
  | 사랑이 있을까? 125

8 | 왜 죽어서는
  | 안 되는 것일까? 141

9 | 늙어서
  | '최강'이 되라 155

- 글을 마치고 171
- 글을 옮기고 174
- 나쓰메 소세키와 막스 베버의 연보 178
- 나쓰메 소세키의 작품들 183

서장

지금을 살아간다는 고민

...... 나쓰메 소세키와 막스 베버는 '개인'의 시대가 시작되었을 때 시대의 흐름에 올라타 있으면서도 그 흐름에 따르지 않고 각각 '고민하는 힘'을 발휘해서 근대라는 시대가 내놓은 문제와 마주했습니다. 그들이 살아간 반세기에 이르는 생애 곳곳에는 그들이 '고민하는 인간'이었음을 보여주는 증거가 새겨져 있습니다. 그런 그들을 실마리로 삼아 거기에 나의 개인적 경험과 생각을 섞어서 '고민하는 힘'에 대해 생각해 보려고 합니다. 본문 26쪽에서

지금을
살아간다는 고민

별빛마저 사라진 고민의 바다에서
"청천 하늘엔 별도 많고, 우리네 가슴에 수심도 많다." 어머니가 깊은 한숨을 내쉬면서 눈물 젖은 목소리로 중얼거리던 '아리랑'의 한 대목입니다. 파란만장한 고민의 바다와 같았던 어머니의 일생은 80년의 세월과 함께 끝을 맺었습니다. 혹독한 세상에서 비탄에 잠겨 살아온 어머니였지만, 만년에는 고민의 바다에 떠도는 몇 개의 주옥같은 기억을 긁어모아 그 속에서 졸고 있었던 모양입니다.

지금 생각해 보면 어머니가 안고 있던 고민은 바다처럼 깊고 넓었지만 깊고 넓었던 그만큼 어머니는 인간으로서 살아갈 가치를 찾아냈던 건지도 모릅니다. 나는 어머니가 고민의 바다에 깊이 빠져들면서도 살아가는 의미에 대한 물음을 버리지 않았다고 생각합니다.

강제수용소를 체험한 것으로도 유명한 정신의학자 빅터 E. 프랭클은 "호모 페이션스(Homo patience, 고민하는 인간)의 가치는 호모 파베르(Homo faber, 도구를 사용하는 인간)보다 더 높다", "고민하는 인간은 도움이 되는 인간보다 더 높은 곳에 있다"고 말했습니다. 극한의 상황에서 살아남은 그의 말을 들을 때마다 나는 어머니를 떠올립니다. 어머니는 고민의 바다를 품고 있었기 때문에 삶의 의미를 찾으려는 의지가 줄어들지 않았을 것으로 생각합니다. 이런 의미에서 나의 어머니는 행복하였을지도 모르겠습니다. 전통적인 관습과 신앙심을 잃지 않았던 어머니의 세대는 고민의 바다를 비추는 밤하늘의 별빛을 또렷하게 보았을 것입니다.

그러나 이제는 그런 전통과 신앙심의 마지막 향기마저 사라지고 말았습니다. 이제 고민의 바다는 늘 어둡고 어디에도 별이 반짝이지 않는 캄캄한 곳이 되고 말았습니다. 이제 고민은 의미가 없는 것이고 가치 따위와는 아무런 관계가 없는 '재앙'일 뿐이라고 생각하기 때문입니다.

과연 그럴까요? '고민하는 인간'은 그저 운이 나쁜 불행한 인간에 불과한 것일까요?

이 책에서는 일본의 대문호인 나쓰메 소세키(夏目漱石, 1867~1916)와 독일의 사회학자인 막스 베버(Max Weber, 1864~1920)를 실마리로 삼아 우리 모두가 지니고 있는, '고민하는 힘' 속에 담겨 있는 삶의 의미를 찾으려는 의지에 대해 생각해 보려고 합니다.

왜 나쓰메 소세키와 막스 베버인지는 앞으로 글 속에서 밝히겠습니다. 사실 고민이라고 해도 그 내용이 천차만별이며, 또한 사람에 따라 달라집니다. 그렇지만 고민을 집합적으로 보면 거기에는 시대나 사회 환경이 큰 영향을 미치고 있음을 알 수 있습니다.

어머니의 경우 전쟁과 경제적 곤란, 물자의 궁핍함, (재일 한국인에 대한) 차별 등이 고민의 씨앗이라고 말할 수 있습니다. 격심한 혼란과 가치의 전도가 일어나고 생사의 경계에서 헤매야 할 정도의 곤란한 일들이 어머니와 같은 시대를 살았던 사람들을 덮쳤습니다. 그런 '극단적 시대'가 어머니의 인생과도 중첩되는 20세기라는 시대였습니다.

그렇다면 우리 시대는 어떻습니까?

현대라는 시대의 가장 큰 특징으로 꼽을 수 있는 것은 '세계화'일 것입니다. 최근 10년간 정보통신 기술의 발달, 특히 인터넷을 비롯한 디지털 기술의 발달에 의해 정치와 경제, 사상과 문화는 물론이고 오락에 이르기까지 국경을 초월해서 한 덩어리가 되고 있습니다.

한편 세계화와 어깨를 나란히 하는 현대의 특징으로 '자유'의 확대를 꼽을 수가 있습니다. 현재 우리는 인터넷 등을 통해서 많은 정보를 얻고 어디든 자유롭게 참여할 수도 있으며, 거기서 무엇이든 원하는 것을 쉽게 향유할 수 있게 되었습니다. 그 결과로 자유가 사방으로 확산되고 있는 것처럼 보이는 것도 사실입니다.

그러나 자유가 확대되었다고 하지만 그에 어울리는 행복을 느끼고 맛보며 살고 있습니까? 만족감과 안도감을 맛보고 있습니까?

근래에 행복지수가 비약적으로 높아졌다는 이야기를 들은 적도 없고, 오히려 늘 여유 없이 서두르며 사람과 사람 사이의 관계 또한 건조하고 살벌한 분위기로 바뀌고 있습니다.

경제인류학자 칼 폴라니(Karl Polanyi, 1886~1964)는 공동체가 지닌 목가적 연결이 해체되고 있는 시장경제를 영국의 시인 윌리엄 블레이크(William Blake, 1757~1827)의 말을 빌려 '악마의 맷돌'이라고 불렀습니다.

국경 없이 확산되는 정보 네트워크와 자유롭고 글로벌한 시장경제. 우리는 그 풍요로움과 편리성에 주목하며 그것을 많은 꿈을 이루어 줄 수 있는 약속의 땅으로 보고 있습니다.

그러나 실제로는 새로운 빈곤이 퍼져 나가고 있고, 빈부 격차는 눈이 휘둥그레질 정도로 빠르게 확산되고 있습니다.

게다가 우리 모두가 새로운 정보 기술과 커뮤니케이션을 통해서 꼼꼼하게 연결되어 있는 것처럼 보이지만, 사람과 사람의 관계는 해안에 밀려왔다가 사라지는 거품처럼 덧없어 보입니다. 다른 곳은 차치하고 일본과 한국만을 놓고 보더라도, 많은 사람들이 과거에는 경험하지 못한 고립감에 시달리고 있는 듯합니다. 만약 그렇지 않다면 이렇게까지 높은 자살률의 증가를 설명할 수 없습니다.

덧붙여서 우리에게 큰 중압감을 주는 것 가운데 하나로 '변화'의 속도가 엄청나게 빠르다는 것을 지적할 수 있습니다.

1950년대 이후만을 놓고 볼 때, 경제의 개념과 사상, 테크놀로지 등은 유행이 바뀌는 것처럼 눈부시게 변해 왔습니다. '변하지 않는 가치'와 같은 것은 거의 사라지고 말았습니다. 문제는 이런 상황에 맞춰 인간 또한 변해야 한다는 것입니다. 과거의 생각에 빠져 있으면 뒤처지고 맙니다. 지금의 상황을 다른 말로 하면 '죽느냐 사느냐'가 아니라 '죽느냐 변할 것이냐'로 표현할 수 있습니다.

그렇지만 인간은 '변하지 않는 가치'를 찾으려고 합니다. 예를 들면 사랑이나 종교 등이 그렇습니다. 그러나 그 또한 변하지 않는다고 말할 수는 없습니다. 변화를 추구하면서 변화하지 않는 것을 찾습니다. 이렇듯 현대인은 상반된 욕구에 정신이 조각나고 있다고 말할 수 있습니다.

근대 문명의 어둠을 밝힌 소세키와 베버

현재를 살아가는 우리가 지닌 고독의 괴로움, 변화를 견뎌야 하는 괴로움. 그 근원을 거슬러 올라가면 '탈아입구(脫亞入歐)'라는 슬로건을 내건, 즉 서양의 모방을 시작한 메이지(明治)라는 시대에 이르게 됩니다. 그 시대 일본에는 과학, 합리적 사고, 개인주의와 같은 것이 일시에 몰려들면서 '근대의 막'이 열립니다. 넓은 의미에서는 이 무렵부터 세계화가 시작된 것입니다.

즉 현재 우리가 안고 있는 고민의 대부분은 '근대'라는 시대와 함께 시작되었다는 것입니다.

그 입구에 서서 인간의 앞날을 지켜보는 사람이 있었습니다. 그 사람은 메이지 시대로 바뀌기 바로 전 해인 1867년에 태어난 나쓰메 소세키입니다.

나쓰메 소세키는 제멋대로 전진하고 있는 세상과 일정한 거리를 유지하며 시대의 본질과 세상을 살아가는 사람들의 내면세계를 묘사했습니다.

나쓰메 소세키의 작품 중에는 『도련님』처럼 유머로 가득한 책도 있지만 의외로 밝은 분위기를 가진 작품은 적습니다. 회색빛을 띤 작품이 많습니다. 나쓰메 소세키가 품고 있던 생각은 문명이라는 것이 세상에서 말하듯이 멋진 것이 아니며, 문명이 발전할수록 인간의 고독은 깊어지고 구원받기 어렵다는 것이었습니다. 작품 속에 등장하는 사람들을 보면 묘사된 시대는 다르지만 현재를 살고 있는 우리와 통하는 것이 많다는 것에 깜짝 놀라게 됩니다. 나쓰메 소세키의 작품을 다시 읽을 때마다 그 혜안에 감탄합니다.

나쓰메 소세키는 일반적으로 '국민작가' 또는 '메이지의 문호'라고 불립니다. 그러나 새로운 국가였던 메이지 시대의 상징인 '청운의 뜻'과 같은 것을 묘사한 적이 없습니다. 이런 면에서 국민작가라는 표현은 잘 어울리지 않는 듯합니다.

나는 어릴 때부터 나쓰메 소세키를 즐겨 읽었는데, 그가 혜안을 가진 사람임을 알게 된 것은 대학에서 정치학을 배우면서 막스 베버를 읽고 난 뒤였습니다.

20세기 최고의 사회학자라고 불리는 막스 베버는 내가 학생이었던 70년대 초반 '마르크스인가, 베버인가'라는 논쟁이 끓어오르면서 뜨거운 시선을 받았습니다. 막스 베버는 사회학에서도 특히 '세계종교'에 주목했고, 종교사회학 분야에 뛰어난 저작을 남겼습니다.

나는 막스 베버의 저작을 읽으면서 지식에 조예가 깊고 그

폭이 넓은 것에 반했습니다. 어느 날 한 친구가 내게 "소세키와 베버가 닮았어"라는 말을 했습니다. 처음엔 두 사람의 조합이 좀 엉뚱한 것이어서 '이상한 말을 하네'라고 생각했습니다. 그런데 곰곰이 생각해 보니 서로 통하는 것이 아주 많았습니다.

막스 베버는 서양 근대 문명의 근본원리를 '합리화'로 보고, 그것을 통해 인간 사회가 해체되고 개인이 등장해서 가치관과 지식의 모습이 분화해 가는 과정을 해명하려고 했습니다. 그것은 나쓰메 소세키가 묘사한 세계와 다르지 않습니다. 그는 문명이 발전하면 할수록 인간은 구원받기 힘든 고립의 상태에 이른다는 것을 보여주었습니다.

막스 베버는 나쓰메 소세키보다 3년 정도 이른 1864년에 태어났고, 나쓰메 소세키보다 4년을 더 살았습니다. 두 사람은 같은 시대를 살았습니다. 멀리 떨어진 일본과 독일에서 태어난 이 두 사람이 서로 비슷한 생각을 했다는 것을 알아차렸을 때 나는 가슴이 두근거렸습니다. 지금도 그 순간을 잊을 수 없습니다.

시대에 맞선 두 사람의 태도 또한 비슷합니다. 그것은 '시대를 받아들이자'는 각오와 비슷한 것입니다. 시대는 거친 격류처럼 흘러갑니다. 그 흐름을 멈추게 할 수는 없습니다. '스스로 그 흐름에 올라타지만 그 흐름에 휘말리지 않고 시대를 꿰뚫어 보겠어.' 두 사람의 저작을 읽어 보면 이런 생각이 전해져 옵니다.

나는 나쓰메 소세키와 막스 베버 두 사람을 '한 쌍'처럼 사랑해 왔습니다. 그리고 막스 베버의 '사회학'이라는 학문을 통해, 또한 나쓰메 소세키의 '문학'을 통해 '근대'라는 것이 인간의 생활을 어떻게 바꾸어 놓았는지를 배웠습니다.

백 년 전과 지금은 닮았다

나쓰메 소세키와 막스 베버가 살았던 시대는 19세기 말부터 20세기에 걸쳐 있고, 우리는 20세기 말에서 21세기에 걸쳐 살고 있습니다. 즉 백여 년을 사이에 둔 '두 세기말'이 존재합니다. 내가 새삼 나쓰메 소세키와 막스 베버에 주목한 것은 두 세기말이 여러 의미에서 서로 통하고 있다고 생각하기 때문입니다.

예를 들면 19세기 말 장기 불황과 내란 상태로 어지러웠던 유럽 여러 나라는 사태를 타개하기 위해 다른 나라로 몰려갔습니다. 일본도 비슷한 이유로 만주(현재의 중국 동북부) 등지로 몰려갔습니다. 이른바 '제국주의'입니다.

제국주의는 그 후 제2차 세계대전에 의해 재조정되었지만, 지금 세계를 바라보면 국경을 넘어 '글로벌 머니'가 세계를 종횡무진 '배회'하고 있으며 그 '폭주'를 막을 수 없는 상태가 계속되고 있습니다.

또한 과거의 자본주의는 '국가를 위한' 것이었지 반드시

'국민을 위한' 것은 아니었습니다. 인간의 노동력도 소모품처럼 간주되고 모든 것이 국가의 통제 아래에 놓인 시대가 있었습니다.

전쟁(제2차 세계대전) 후 일본과 독일을 비롯한 많은 나라가 비참한 실패에 대한 반성을 통해 인간을 소모품처럼 취급하지 않겠다는 것을 분명히 했습니다. '국가를 위해 국민이 있다'가 아니라 '국민을 위해 국가가 있다'는 방향으로 전환하려고 했습니다. 그렇게 몇 십 년 동안 노력해 왔는데 현재의 상황은 수상쩍은 방향으로 흐르고 있습니다.

세상을 둘러보면 니트(Not in Employment, Education or Training)족이나 프리터(free+Arbeiter)족, 비정규직이 넘쳐나며 심각한 사회문제로 대두하고 있습니다. 일정한 연령층의 사람들을 충실하게 훈련시켜 인재를 적재적소에 활용하는 시스템은 점점 기능이 약화되고 있습니다. 많은 사람들이 버려지고 있는 듯이 보입니다.

아마도 그런 상황과 관계가 있겠지요. 우울증에 빠지거나 히키코모리(은둔형 외톨이)가 되어 사회에 적응하지 못하는 사람이 계속 생기고 있습니다. 백 년 전의 일본에서도 '신경쇠약'이라는 이름을 가진 마음의 병이 사회문제가 되었습니다. 신경쇠약은 나쓰메 소세키의 소설에 자주 등장하는데, 현재의 상황에서도 그와 유사한 것을 느낄 수 있습니다.

사회현상에서도 백 년 전의 것과 비슷한 것이 등장하고 있습니다. 예를 들면 유사종교적인, 이른바 '영적인(spiritual)' 것이 유행하고 있습니다. 19세기 말 유럽에서는 '세기말적'이라고 표현되는 병적이고 위험한 문화가 유행했는데, 현재 인터넷이나 가상공간을 보면 이와 비슷한 것이 횡행하고 있음을 알 수 있습니다. 또한 쉽게 이해하기 힘든 엽기적 사건이 일어나는 것도 당시와 비슷합니다.

이런 것은 빙산의 일각에 불과합니다. 나는 근대의 입구에서 발생한 문제가 전쟁이라는 중간 지점에서 몸을 돌려 다시 돌아오고 있다는 생각이 듭니다.

다른 말로 하면 근대의 입구에서 발생한 문제가 해결되지 않은 채로 남았고 백 년 동안 계속 성장해 왔다고 말할 수도 있습니다.

해결되지 않은 문제의 실마리를 찾는다
이런 의미에서 나쓰메 소세키와 막스 베버가 백 년 전에 쓴 것을 다시 읽어 보면 '현재를 살아가는' 우리의 고민을 해결할 수 있는 실마리가 곳곳에 자리 잡고 있음을 알 수 있습니다.

먼저 '개인'이라는 큰 문제에 대한 실마리가 많습니다. 예를 들면 인간이 '개인'으로 산다는 것은 무엇인가, 또는 인간은 왜 개인으로 살아야만 하는가, 하는 문제가 그렇습니다.

개인이 지닌 고통의 근본이 되는 '자아'라는 것에 대해서도 가르침을 줍니다. 개인에게 크게 얽혀 있는 '자유'에 대한 가르침도 있습니다.

자본주의의 변용과 '돈'의 문제에 대한 주목할 만한 지적도 있습니다. 거기서 발을 뻗어서 사람이 '일을 한다는 것'에 어떤 의미가 있는지에 대해서도 좋은 안내자가 됩니다.

또한 인간의 '지성'이란 본래 어떤 것인지, 이 시대를 살아가면서 우리가 알아야 할 것은 무엇인지, 무엇을 믿어야 하는지에 대한 실마리도 있습니다. 그리고 믿음을 통해 사람이 무엇을 얻을 수 있고, 무엇을 잃게 되는지에 대해서도 가르쳐 줍니다.

이것뿐만이 아닙니다. 살아간다는 것의 의미, 인생의 의미, 죽음의 의미, 사랑의 의미……. 이들의 책에는 매우 다양하고 보편적 물음이 들어 있습니다. 따라서 그들이 백 년 전에 움켜쥐고 고민했던 물음을 지금 다시 생각해 보는 것은 충분한 의미가 있다고 생각합니다.

참고로 위에 열거한 물음은 나쓰메 소세키와 막스 베버가 살았던 시대에는 '지식인의 특권'과 같은 고민이었습니다. 그러나 지금은 모든 사람들에게 정보와 지식이 공개되어 있기 때문에 고민 또한 그때보다 더 보편화되었다고 말할 수 있습니다. 게다가 자유화와 정보화, 세계화가 동반된 변화 속에서

'개인'의 아픔은 더욱 가혹해졌음을 지적할 수 있습니다.

나쓰메 소세키와 막스 베버는 '개인'의 시대가 시작되었을 때 시대의 흐름에 올라타 있으면서도 그 흐름에 따르지 않고 각각 '고민하는 힘'을 발휘해서 근대라는 시대가 내놓은 문제와 마주했습니다. 그들이 살아간 반세기에 이르는 생애 곳곳에는 그들이 '고민하는 인간'이었음을 보여주는 증거가 새겨져 있습니다. 그런 그들을 실마리로 삼아 거기에 나의 개인적인 경험과 생각을 섞어서 '고민하는 힘'에 대해 생각해 보려고 합니다.

어떻게 해서 고민에서 벗어날 것인지, 또는 고민과 함께 어떻게 살아가야 하는지에 대해 아홉 개의 큰 주제를 통해 살펴보려고 합니다.

1

…… 나는 이런 경험을 바탕으로 자아는 타자와의 '상호 인정'에 의한 산물이라고 말하고 싶습니다. 그리고 중요한 것은 인정을 받기 위해서는 자기를 타자에 대해 던질 필요가 있다는 점입니다. 나는 타자와 상호 인정을 하지 않는 일방적인 자아가 존재할 수 없다는 것을 실감하고 있습니다. 확실하게 말하면 타자를 배제한 자아는 존재하지 않습니다.

본문 41쪽에서

어느 날 인생이 내게 묻다

과연 '나'는 누구인가? 당돌하지만 이 물음은 국적과 민족, 고향과 국가를 둘러싼 분열과 갈등에 고민해 온 우리 주위에 늘 떠도는 물음이었습니다.

사춘기 때 나는 이 물음에서 도망치고 싶었습니다. 그래서 좀 더 안락하고 즐거운 일이 없을까 궁리하며 눈을 굴리면서 바깥 세계만 바라보았습니다. 하지만 어딜 가든지 도대체 '나는 누구인가라고 묻는 목소리가 들려왔습니다. 귀를 막아 보았지만 마치 마음속에서 들려오는 목소리처럼 그 물음은 내 주위에서 떠나지 않았습니다.

"그런 것을 생각해서 무슨 도움이 되겠어? 시간만 소모할 뿐이야. 도대체 내 인생에 무슨 도움이 된다는 말인가?"

이런 반문이 내 머리를 꽉 채웠고 나는 그 목소리를 없애기 위해 노력했습니다. 그러나 지우려고 노력하면 할수록 그 목소리는 점점 더 커졌고, 도저히 그 목소리로부터 도망칠 수 없음을 깨달았습니다.

스무 살 때의 일입니다. 부모의 나라인 한국을 처음 찾아가 여러 가지를 보고 들으면서 깊이 생각한 것이 계기가 되어, 내가 인생에 대해 묻는다기보다는 인생이 내게 묻고 있다는 생각을 하게 되었습니다. 그것은 좀 과장해서 말하면 '코페르니쿠스적 전환'이었습니다. 물론 그렇다고 자아의 질곡에서 해방된 것은 아니었습니다.

나는 내 힘으로는 어쩔 수 없는 나의 출신이라는 '운명'으로 눈을 돌렸고, 그것을 통해 나라는 존재에 드리워진 실존적 물음에 이끌리게 된 것입니다. 거기서 나는 '자아'라는 것에 대해 생각하게 되었습니다.

그런데 '자아'와 자주 혼동을 일으키는 말로 '자기중심주의'라는 것이 있습니다. 타인의 기분에는 아랑곳하지 않고 자기 생각만을 밀어붙이는 사람을 가리킬 때 쓰는 말인데, 그런 사람과 함께 있으면 '자기만 생각하는' 모습에 피곤함을 느낍니다.

앞에서 말한 '코페르니쿠스적 전환'을 경험하기 이전의 나는 '자기중심주의'에 푹 빠져 있었던 사람입니다. 얼핏 보면 순진무구한 청년처럼 보이지만 실제로는 자기가 쌓아 올린 작은 성에서 한 걸음도 밖으로 나가지 않고, 밖을 향해 뚫어 놓은 구멍을 통해서 바깥 세계를 바라보며 모든 인간을 의심하고 오로지 자기 일에만 열을 올리던 거의 '나르시시스트'와 비슷한 자기중심주의자였던 것이지요. 그러니까 해가 뜨든 날이 저물든 머릿속에 나밖에 없었던 사람이었습니다.

당치 않은 이유를 내세워 '자아'를 발견했다고 말은 했지만 분명하게 정리할 수 있는 것은 아닙니다. 그렇지만 '자아'와 '자기중심주의'는 다릅니다.

자아가 무엇인지를 설명하기는 매우 어렵지만, 간단하게 말하면 '나는 누구인가'라는 질문을 의식적으로 자기에게 묻는 '자아의식'이라도 해도 좋을 듯합니다.

자아와 어떻게 마주할 것인지는 매우 성가신 문제로 나 또한 오래 고민했던 문제였고, 여전히 '해결했다'고 말할 자신이 없습니다.

자아가 비대해지면 꼼짝달싹 못하게 되어 거기서 빠져나오기 힘들어질 수도 있습니다. 현재 자아의 병리적인 비대화는 무척 심각한 상황에 이르렀는데, '우울증'이나 '히키코모리'와 같은 마음의 병과도 깊은 연관이 있는 듯합니다.

너무 추상적이어서 잘 모르겠다는 사람은 나쓰메 소세키의 소설을 읽으면 쉽게 이해할 수 있을 것입니다. 아마도 '나도 이렇게 될지 모르겠는데'라든지 '나와 비슷해'라고 공감하는 사람들이 많을 것입니다. 나쓰메 소세키는 자아의 문제를 철저하게 파고들어 평생 그것만을 썼다고 말해도 과언이 아닐 정도입니다.

나쓰메 소세키가 묘사한 것은 메이지 시대의 사람들이지만 지금 읽어도 위화감이 생기지 않습니다. 나쓰메 소세키는 현대인에게도 충분히 통하는 것을 생각했습니다.

참고로 '자기중심주의자'라는 말을 듣는 사람들 중에는 자아에 대해 고민하는 사람이 적고 '자기중심주의자'라는 말을 듣지 않는 사람들이 오히려 자아에 대해 고민하는 사람이 많다는 것은 매우 흥미로운 일입니다. '자기중심주의자'라는 말을 듣는 사람들은 사람에 대해 별로 생각하지 않지만 '자아'에 대해 고민하는 사람은 대개 '타자'의 문제에 대해서도 고민하기 때문이겠지요.

사회의 해체와 자아의 과잉

'자아'의 발견이라고 하면 곧바로 떠오르는 것이 17세기 프랑

스의 철학자였던 르네 데카르트(1596~1650)의 "코기토 에르고 숨(Cogito, ergo sum, 나는 생각한다, 고로 존재한다)"이라는 유명한 말입니다. 이 명제를 철학의 제1원리로 삼아 명석판명한 것을 진리의 기준으로 삼는 물심이원론의 철학을 확립함으로써 데카르트는 '근대 철학의 아버지'로 불리게 되었습니다.

데카르트는 단지 사유를 속성으로 하는 정신과 연장(延長)을 속성으로 하는 물체를 엄격히 구별하고 근대의 기계론적 자연관의 기초를 쌓았을 뿐이지만 한편으로 그 후에 전개될 철학에 큰 과제를 남겼습니다. 즉 데카르트의 이원론적 세계관에 서 있는 한 '심신(心身)의 문제를 어떻게 설명해야 하는가'라는 매우 곤란한 문제가 생깁니다.

또한 이와 관련해서 '타자의 문제'가 해결되지 않은 채로 남겨지게 됩니다. 즉 자기 속에 자기를 중심으로 모든 것을 생각하는 자아라는 것이 있다고 한다면 타자 속에도 동일한 것을 생각하는 자아가 있을 것입니다. 여기서 자기와 타자의 관계를 어떻게 근거 지을 수 있을까 하는 문제가 데카르트 이후 중요한 주제로 남겨졌다는 것이지요.

자기와 타자를 각각 자아로 독립해 있는 것으로 보면 인간 사회는 각양각색의 '자아의 무리'가 되고 맙니다. 그리고 각각의 자아가 제멋대로 자기를 중심으로 하는 세계상을 그리고 있다면 자기와 타자의 공존은 성립할 수 없게 됩니다. 그렇기 때문에 '자기와 타자를 연결하는 회로를 어떻게 만들어야 공통의 세계상을 형성할 수 있을까'라는 것이 철학자들이 고민해야 하는 근본적인 주제가 된 것입니다.

비단 철학자들뿐만이 아니라 많은 사람들이 이 문제를 고민하게 된 것은 19세기경입니다. 일본에서는 메이지유신(대체로 1853년에서 1877년 전후의 시기) 이후라고 말해도 좋을 것입니다.

그 배경에는 근대과학과 합리주의의 급속한 진전이 있었습니다. 그 이전에는 '자아'라는 개념이 존재하기는 했지만 사람과 사람 사이가 종교, 전통과 관습, 문화, 지연과 혈연적 결합 등에 의해 자동적으로 사회 속에서 굳게 연결되어 있었습니다. 그런데 이처럼 사람들을 자동적으로 연결해 주던 것들이 과학과 합리적 사고에 의해 '난센스'로 간주되면서 하나씩 떨어져 나가기 시작합니다. 막스 베버는 이것을 '탈주술화'라고 불렀습니다.

그 결과 '우리'였던 것들이 하나씩 분리되어 '나'라는 개체가 되고 말았습니다. 이렇게 '개인의 자유'를 기초로 한 이른바 '개인주의'의 시대가 전성기를 맞이하게 되었습니다.

이런 시대에서는 개별적으로 분리된 자아가 자기를 확립하려고 하거나 지키려고 하며 점점 비대해질 수밖에 없습니다. 그것이 '사회의 해체'를 초래하기도 하고, 또한 사회가 해체되는 위기가 '자아의 비대화'를 초래하는 악순환이 계속됩니다.

나쓰메 소세키는 많은 소설에서 과잉된 자아를 안고 있는 파란 많은 사람들을 묘사했는데, 거기에는 이런 배경이 있습니다. 나쓰메 소세키의 소설이 때로는 철학서보다도 더 철학적인 인상을 주는 것은 이 때문입니다.

예를 들면 『그 후』도 그렇습니다. 주인공인 다이스케는 강렬한 자아 때문에 타인과 어울리지 못하고 아버지를 경멸하며 친구였던 히라오카와 사이도 멀어집니다. 책 속에 다이스케의 이런 술회가 나옵니다.

"히라오카는 마침내 나를 떠나갔다. 만날 때마다 멀리 떨어져 대하려는 모습이 눈에 띄었다. 사실을 말하면 히라오카만이 그런 것이 아니었다. 누구를 만나도 비슷하게 나를 대했다. 현대 사회는 고립된 인간의 집합체에 지나지 않았다. …… 문명은 우리를 고립시킨다고 다이스케는 해석했다."

'선생'의 고독

나쓰메 소세키의 소설은 모두 자아에 대해 많은 것을 가르쳐 주지만, 내가 가장 크게 공감하고 찬탄했던 것은 『마음』이었습니다.

주인공인 '나'는 여름 가마쿠라에서 '선생'이라는 남자를 만나서 친해집니다. 그런데 선생은 뭔가 중요한 비밀을 가지고 있는 듯이 '나'에게 쉽게 마음을 열지 않습니다. 그 이유는 선생의 과거에서 찾을 수 있습니다. 선생은 학생이었을 때 친구인 K와 둘이서 하숙집 딸을 좋아하게 됩니다. 선생은 그 하숙집 딸을 자기 사람으로 만들기 위해 K를 속이는 일을 했습니다. K는 자살을 했고 선생은 하숙집 딸과 결혼을 했지만 부인을 진심으로 사랑할 수가 없습니다. 선생은 결국 '나'에게 그 사실을 편지로 고백하고 그와 동시에 목숨을 끊는다는 이야기입니다.

선생은 애초에 K가 실연 때문에 자살했다고 생각했습니다. 그러나 시간이 지남에 따라 K가 유일한 친구였던 자기로부터 우정을 잃고 고독을 견디지 못해 자살했다고 생각하기 시작합니다. 그것을 깨달았을 때 선생은 마음이 얼어붙는 듯한 절망감에 사로잡히고 맙니다.

선생의 이 말은 매우 중요한 의미를 지니고 있습니다.

"자유와 독립과 자아로 가득한 현대를 살아가는 우리는 모두 그 대가로 이런 쓸쓸함을 맛보아야만 하겠지요."

『마음』은 내 개인적인 경험에 비추어 볼 때도 깊이 생각해 볼 것이 많은 작품입니다. 좀 옆길로 빠지는 느낌이 들지만 그 이야기를 해보려고 합니다.

나는 대학을 졸업한 후 내가 가야 할 진로를 정하지 못하고 대학원에 남아 긴 유예(모라토리엄) 기간을 보냈습니다. 그렇게 된 것은 내가 사춘기 이후 오랫동안 자아의 질곡에 사로잡혀 거기에서 빠져나오지 못했고 대학을 졸업한 이후에도 여전히 발버둥치고 있었기 때문입니다.

나는 재일 한국인(흔히 "자이니치〔在日〕"라고 표현한다)으로 태어났기 때문에 역시 정체성의 문제가 가장 크게 얽혀 있었습니다. '나는 누구인가?', '나는 무엇을 찾아야 하는가?', '무엇을 위해 살고 있는가?', '내게 세계는 무엇인가?', '나는 무엇인가로부터 도망치려 하고 있는 것인가?' 이렇게 해답을 얻을 수 없는 물음에 사로잡혀 이러지도 저러지도 못하는 상태에 놓여 있었던 것이지요.

내가 뜻을 품고 있던 것은 정치학이었습니다. 그런데 정치학은 스스로 서 있는 지점을 정하지 않으면 보아야 할 것이 보이지 않으며 말해야 할 것을 말할 수가 없습니다. 그 때문에 나는 답보 상태로 서른 살이 다 되도록 괴로워했습니다.

그때 내 은사가 독일 유학을 권했고, 나는 나로부터, 그리고 일본으로부터 탈출하기 위해 바다 저 너머로 여행을 떠났습니다. 그때 내 가방에 들어 있던 책이 『마음』이었습니다.

우울한 하늘 아래에서 어두운 하숙집에 틀어박혀 읽은 『마음』은 가슴에 깊이 스며들었습니다. 이 이야기는 내 개인사와 비슷한 곳이 있었던 것도 아니었고 직접적인 카타르시스를 불러일으킨 것도 아니었습니다. 해피엔드도 아니고 오히려 구원이 없는 이야기로 읽혔습니다. 그러나 선생이 품고 있던 절망적인 고독감, 그리고 무엇인가를 찾아 헤매는 주인공 '나'의 모습 속에는 깊이 생각하게 만드는 것이 있었습니다.

제목도 매우 상징적이라는 생각이 듭니다. 근대 이전이라면 '마음'이라는 제목을 붙인 소설을 쓸 수 없었을 것입니다. 이런 의미에서도 『마음』은 근대인이 지닌 마음의 심연을 묘사한 소설입니다.

'자기가 쌓은 성'이 파멸을 부른다

독일에 있을 때 내가 『마음』을 지니고 있었던 가장 큰 이유는 이 소설이 '사람과 사람의 연결'이라는 점에서 매우 많은 것을 이야기해 주었기 때문입니다. '나'와 선생의 관계, 선생과 K의 관계, 선생과 하숙집 딸과의 관계, '나'와 시골에 있는 부모의 관계가 그것입니다. 당시 나는 내 자아를 힘겨워했을 뿐 아니라 타자와의 관계에 대해서도 이해하지 못했습니다.

이것은 자아에 사로잡혀 있는 사람들 대부분이 마주치게 되는 벽이라고 생각합니다. 자아가 비대해질수록 자기와 타자의 사이는 잇기 힘들어집니다.

자아라는 것은 자존심이기도 하고 에고이기도 하기 때문에 자기를 주장하고 싶고, 지키고 싶고, 부정당하고 싶지 않다는 기분이 강하게 일어납니다. 그러나 타자 또한 비슷한 자아를 지니고 있기 때문에 그 역시 주장하고 싶고, 지키고 싶고, 부정당하고 싶지 않아 합니다. 그렇게 생각하면 아무것도 할 수가 없습니다.

사람에 따라서는 '타자와의 관계에서 겉으로는 참고 견디고 진짜 자기는 감추는' 방법을 선택하는 사람도 있습니다. 그러나 그것이 어려워 완전히 자기 속에 파묻히는 사람도 있습니다. 질주하는 자기를 멈춰 세우지 못하고, 그렇다고 해서 누군가로부터 구원을 받지도 못해 악을 쓰며 비명을 지르고 싶어하는 사람도 있습니다.

이런 자아의 문제는 백 년 전이라면 이른바 '지식인' 특유의 병으로 간주되었지만 지금은 모든 사람이 걸릴 수 있는 만인의 병이 되고 말았습니다. 당시에는 '신경쇠약'이라고 불렸는데, 나쓰메 소세키의 소설 속에 '키워드'처럼 등장합니다.

나쓰메 소세키의 '메모'에도 이런 말이 나옵니다.

"자아의식(Self-consciousness)은 결국 신경쇠약을 낳는다. 신경쇠약은 20세기의 모두가 공유하는 병이 될 것이다."

나쓰메 소세키 자신도 몇 차례 신경쇠약에 걸렸고, 거기에 위궤양까지 일으켜 한때는 매우 위독한 지경에 이르기도 했습니다. 막스 베버도 매우 위중한 상태가 되어 정신병원에 입원한 적이 있다고 합니다.

그렇다면 비대해지는 자아를 멈추고 싶을 때 어떻게 해야 할까요? 그것에 대해 생각할 때마다 늘 머릿속에 떠오르는 것은 정신병리학자이며 철학자였던 카를 야스퍼스(Karl Theodor Jaspers, 1883~1969)가 한 말입니다. 야스퍼스는 막스 베버를 사숙했습니다. 그리고 이렇게 말했습니다. "'자기의 성'을 쌓는 자는 반드시 파멸한다."

나 또한 그러했기 때문에 쉽게 이해가 됩니다. 그런데 우리는 자기의 성을 단단하게 만들고 벽을 높게 쌓으면 자기라는 것을 세울 수 있다고 생각하는 것은 아닐까요? 그렇게 하면 지킬 수 있다고 생각하는 것은 아닐까요? 또는 강해질 수 있다고 생각하는 것은 아닐까요? 그러나 그것은 오해입니다. 자기의 성만을 만들려고 하면 자기는 세워지지 않습니다.

그 이유를 궁극적으로 말하면 자아라는 것은 타자와의 관계 속에서만 성립하기 때문입니다. 즉 사람과의 관계 속에서만 '나'라는 것이 존재할 수 있다는 말이지요.

'상호 인정' 외에 다른 방법은 없다

참고로 내가 자아라고 하는 것에 확실하게 눈을 뜬 것은 열일곱 살 때였습니다. 물론 '오늘 눈을 떴다'라는 자각이 아니라 오랜 시간이 흐른 뒤 나중에 알게 된 그런 자각입니다.

야구를 해도, 들판을 뛰어다녀도 어딘가 어제의 나와 달랐습니다. 그것은 자기라는 존재를 바깥에서 바라보는 의식에 눈을 뜬 것이겠지요. 대부분 이런 날을 기억하고 있을 겁니다. 그때 나는 '내가 어떤 존재로 태어났는가'라는 문제에 대해 파고들게 되었습니다. 그러나 일단 파고들자 내 인생은 무거울 수밖에 없다는 생각이 들어 암담한 기분을 맛보았습니다.

그리고 '말더듬이'가 되고 말았습니다. 모음으로 시작하는 말이 입 밖으로 나오지 않았고 낭독을 해야 할 때가 되면 쩔쩔맬 수밖에 없었습니다. 그때의 기분은 지금도 생생하게 기억납니다. 물에 빠졌는데 수면이 위쪽에 보이지만 아무리 애를 써도 올라갈 수 없고 숨이 막혀 죽을 것만 같은 그런 느낌입니다.

내 부모님은 아이가 부자유스러운 생각을 하지 못하도록 혼신의 힘을 다해 일을 했고 아낌없이 애정을 쏟아 부었습니다. 그래서 그 이전까지 나는 아무런 의문도 느끼지 못하고 나쓰메 소세키의 『도련님』에 나오는 건강한 도련님처럼 살았습니다. 그런데 자아에 눈을 뜬 다음부터는 내성적이고 낯을 가리는 사람이 되고 말았습니다.

내가 가장 견디기 힘들었던 것은 내가 가족 이외의 다른 사람들로부터 인정을 받지 못한다는 사실이었습니다. 나를 지켜준 부모의 품에서 벗어나 나를 보려고 했을 때 사회의 그 누구도 나를 인정해 주지 않았습니다. 그것은 나에게 매우 부조리한 것이었습니다. 단순한 착각이었는지도 모르지만 그 시절 나는 그렇게밖에 달리 생각할 수 없었습니다. 그때까지 일심동체였던 부모님조차 대상화해서 바라보게 되었습니다. 기분이 매우 살벌했습니다.

나는 이런 경험을 바탕으로 자아는 타자와의 '상호 인정'에 의한 산물이라고 말하고 싶습니다. 그리고 중요한 것은 인정을 받기 위해서는 자기를 타자에 대해 던질 필요가 있다는 점입니다.

나는 타자와 상호 인정을 하지 않는 일방적인 자아가 존재할 수 없다는 것을 실감하고 있습니다. 확실하게 말하면 타자를 배제한 자아는 존재하지 않습니다.

당신은 진지합니까?

물론 독일로 탈출해서 곧바로 내 정체성이나 자아의 문제에 대답을 내놓을 수 있었던 것은 아닙니다. 그때부터 다시 한참 동안 '나는 누구인가'라는 쳇바퀴 돌듯 진전이 없는 문답을 내 속에서 되풀이했고, 그러다 겨우 사회에 대한 발언을 할 수 있게 되었습니다. 나는 늦되는 사람인 듯합니다.

자기에 대해 생각하는 것에 지쳐서 '어딘가 도망칠 구석이 없을까?' 하고 마음이 약해진 적도 있었습니다. 그렇지만 그것도 마음대로 되지 않았고, 결국 고민하고 괴로워하면서도 계속 생각을 할 수밖에 달리 방법이 없었습니다.

현재 개인이 지닌 이런 마음의 문제를 '뇌'나 '영적인' 것으로 해결하려고 하거나, 일부러 관심을 두지 않거나, 주위에 마음의 벽을 만들어 피하려고 하는 경향이 있는데, 그래서는 아무것도 해결할 수 없습니다.

시대는 이미 어중간함을 인정하지 않는 상태에 이르렀습니다. 따라서 어중간한 심각함이나 어중간한 낙관론을 버려야 합니다. 그리고 어중간하게 고민하는 것을 그만두지 않으면 자아를 세우는 것이나 타자를 수용하는 일도 할 수 없게 됩니다.

앞에서 타자와의 상호 인정을 통해서만 자아가 성립된다고 말했습니다. 그렇다면 타자와 연결되고 싶고 제대로 인정을 받고 싶을 때 도대체 어떻게 해야 하는 것일까요? 나는 "이것이 정답이다"라고 말할 힘은 없습니다. 그렇지만 『마음』에서 나쓰메 소세키는 매우 큰 것을 우리에게 가르쳐 줍니다.

그것은 '진지함' 이라는 것입니다. '진지함' 이란 '어중간함' 과 반대되는 말입니다.

선생의 비밀을 알아내려고 하는 '나'에게 선생은 이렇게 묻습니다.

"'당신은 진지합니까?' 선생이 다짐하듯 물었다. '나는 과거의 인과 때문에 사람을 잘 믿지 않습니다. 사실 당신에게도 의심의 눈초리를 거두지 않고 있지요. 그렇지만 당신만은 의심하고 싶지 않아요. 당신은 의심하기에는 너무나 단순한 사람이거든요. 나는 죽기 전에 단 한 사람이라도 좋으니 누군가를 믿으며 죽고 싶습니다. 당신이 그 한 사람이 되어 줄 수 있습니까? 바로 그 사람이 되어 줄 수 있습니까? 당신은 뱃속까지 진지합니까?'"

오늘날에는 '진지함'이라는 말이 별로 좋은 의미로 사용되지 않습니다. 그래서 "넌 진지하구나"라는 말을 들으면 놀림을 당한 기분이 듭니다. 그렇지만 나는 이 말을 좋아하고, 나쓰메 소세키다운 말이라고 생각합니다. 모든 것이 표면적으로 움직이는 듯한 현대사회에 쐐기를 박을 수 있는 쐐기가 될 수 있다고 생각합니다.

진지하게 고민하고 진지하게 타자와 마주하는 것. 거기에 어떤 돌파구가 있지 않을까요? 어쨌든 자아의 고민의 밑바닥을 '진지하게' 계속 파고들어 가다 보면 그 끝이 있을 것이고 타자와 만날 수 있는 장소에 도달할 수 있을 것입니다.

이런 의미에서 나쓰메 소세키가 "진지해져라"라고 말한 이유를 여러 가지 측면에서 생각해 보고 싶습니다. 다른 말로 표현하면 소세키가 살았던 시대는 그만큼 '자아'를 묻는 의미가 예리했다고도 말할 수 있습니다.

어중간한 태도를 취하면 안 됩니다. 이제 자아와 자기중심주의자를 착각해서 단지 '나'의 세계만을 주장하는 일이 일어나서는 안 됩니다.

2

돈이 세계의 전부인가?

…… 나는 아무 주저 없이 "검약은 미덕이다"라고 말할 자신이 없습니다. 나카노 고지(中野孝次) 씨의 『청빈의 사상』이라는 책도 있지만, 오늘날 '청빈'에서 그 어떤 문화가 생기기는 힘듭니다. '가난하다'는 것에 어떤 가치가 있다고 생각하는 사람은 없을 것입니다. 이제는 『현자의 선물』과 같은 아름다운 이야기가 나오지도 않을 것이며, 『우동 한 그릇』을 읽어도 현대의 우리는 곧바로 감동을 느낄 수 없습니다. 본문 61쪽에서

고작해야 돈, 그래도 돈

현대사회에서 돈 때문에 고민해 본 적이 없는 사람은 아마 없을 것입니다. 가족 사이의 갈등이나 인간관계나 일의 갈등에서 범죄에 이르기까지 사회의 심각한 문제에는 반드시라고 해도 좋을 정도로 돈의 문제가 얽혀 있습니다.

갈등의 원인이 될 뿐만 아니라 갈등을 해결하는 구세주가 되기도 하는 것이 돈입니다. 한마디로 표현하면 '고작해야 돈, 그래도 돈'이 되겠지요. 여하튼 인간이 살아가는 데 반드시 필요한 것이 '돈'입니다.

이처럼 우리 모두와 관계된 것임에도 불구하고 세상에는 '노골적으로 돈 이야기를 하는 것은 천박하다'는 분위기가 은연중에 존재합니다. 그런 탓인지 경제소설 이외의 일본 문학, 특히 순수문학에서 돈이 중요한 모티프인 작품은 별로 눈에 띄지 않습니다. 어쩌면 '돈은 소설의 소재로 다루기 힘들다'는 생각이 뿌리를 내리고 있는 것일지도 모르겠습니다.

그런데 나쓰메 소세키의 경우는 많은 작품에서 돈을 주요한 키워드로 사용하고 있습니다. 그것이 다른 작가들과 다른 점입니다.

앞 장에서 다룬『마음』도 그러해서 돈이 인간관계를 파괴하는 근원처럼 묘사되어 있습니다. '선생'이 사람을 믿지 못하고 세상을 혐오하는 사람이 된 것은 시골의 부모가 남긴 유산을 숙부가 가로챘기 때문입니다. 소설 속에서 "평소에는 모두 착한 사람입니다. …… 그것이 막상 다급해지면 갑자기 악한 사람으로 변하기 때문에 무서운 거예요"라는 선생의 발언에 대해 '내'가 "내가 묻고 싶은 것은 막상 다급해진다는 말의 의미입니다"라고 되묻는 장면이 있는데 그때 선생의 대답이 상당히 재미있습니다.

"돈 얘기지요. 돈이라면 어떤 군자라도 바로 악한 사람으로 만들 수 있지요."

『그 후』에서는 다이스케가 자기 진퇴를 결정하는 데 중요한 열쇠가 되는 것이 돈이며, 『명암(明暗)』 등에서도 생활비 문제가 부부 관계의 애로 사항으로 묘사됩니다. 나쓰메 소세키의 작품을 읽고 있으면 '결국 모든 것이 돈인가……'라는 기분에 사로잡히게 될 정도입니다.

그리고 등장인물 가운데 반드시라고 해도 좋을 정도로 '잔뜩 악취를 풍기는 속물 자산가'가 나옵니다. 이는 나쓰메 소세키 문학의 특징이라고도 말할 수 있습니다. 『나는 고양이로소이다』에 등장하는 가네다는 매우 희화화된 캐릭터지만 『그 후』에 나오는 다이스케의 아버지나 『행인』의 이치로의 아버지 등은 사상적으로 용납하기 힘든 인종처럼 묘사되어 있습니다. 부자가 훌륭한 인물로 묘사된 것이 없다고 해도 지나친 말이 아닙니다.

신흥 부르주아가 이끌던 시대

그러나 한편으로 돈은 나쓰메 소세키가 살았던 시대를 읽는 비평의 눈이 되기도 합니다. 19세기 말부터 20세기 초반에 걸쳐 자본주의는 질적으로 변했는데, 그것은 일본뿐만 아니라 전 세계에서 노골적으로 자기 본성을 드러내기 시작했습니다. 나쓰메 소세키는 그 모습에 시선을 고정시킨 것입니다.

비슷한 시기에 막스 베버도 눈을 크게 뜨고 자본주의가 발전해 가는 모습을 바라보며 『프로테스탄트 윤리와 자본주의 정신』을 비롯한 저작을 쓰기 시작했습니다.

당시 일본과 독일의 상황에는 조금 비슷한 것이 있기 때문에 거기서부터 이야기를 해보겠습니다.

그 무렵 일본과 독일은 모두 '후발 국가'였습니다. 일본은 메이지유신 이후 전력을 다해 서구화의 길을 달렸으며, 러일전쟁 이후 '자칭' 일등 국가가 된 신입생이었습니다. 독일은 일본과 비교하면 선진국이었지만 유럽 내에서는 홀로 독주하는 영국을 추종하며 '따라잡고 추월하기' 위해 필사적으로 노력했습니다.

'국가가 부강해진다'는 말은 그 과정에서 '국가 내에 무수한 벼락부자가 생긴다'는 것을 의미합니다. 자기 대에서 사업을 일으켜 입신출세를 이룬 이른바 신흥 부르주아의 출현이 그것입니다. 그 사람들은 극도의 헝그리 정신으로 성공을 거두었기 때문에 넌더리가 나는 배금주의로 똘똘 뭉친 사람들이 적지 않습니다. 그러나 그런 사람들이 실질적으로 국가를 부유하게 만들었기 때문에 그들의 가치관이 기세 좋게 세계 속으로 퍼져 나가게 되었습니다.

그리고 이러쿵저러쿵해도 돈의 위력은 무시할 수 없습니다. 돈은 오래된 권위나 가치관을 통째로 뒤집을 수 있는 힘을 지니고 있습니다.

시대의 전환을 담당한 그들의 마음속에는 '우리가 새로운 시대를 만들었다'는 자부심이 있었습니다. 그러나 그들이 한 일은 보는 관점을 바꿔 보면 절조가 없는 행위라고 말할 수 있습니다. 일본의 경우를 예로 들면, 어제까지 상투를 틀고 무사복을 입고 넙죽 엎드려서 주군으로부터 녹을 받고 있다가 오늘부터 머리를 자르고 양복 차림으로 자유경쟁에 뛰어들게 되었습니다. 거기에 왠지 모를 자기혐오가 생겨 프런티어 정신이라는 논리로 도배를 하거나 "나는 벼락부자가 아니야, 원래 상류계급이었어"라고 자기를 금칠하기 위해 서둘러 사교계에 뛰어들어 번드르르하게 사교 활동을 하기도 했습니다.

나쓰메 소세키가 활약했던 메이지 30~40년대는 바로 이런 신흥 부르주아가 발호하던 시대였습니다. 그래서 나쓰메 소세키는 그들을 싫어하고 기피했으며 소설에 부정적 이미지로 등장시킨 것입니다. 물론 나쓰메 소세키는 '부자는 모두 나쁘다'고 묘사한 것은 아닙니다.

막스 베버 또한 나쓰메 소세키와 비슷한 생각에서 신흥 부르주아를 혐오했지만 그는 나쓰메 소세키보다 복잡했습니다. 왜냐하면 나쓰메 소세키는 부르주아의 아들이 아니었지만 막스 베버는 부르주아 출신으로 그의 아버지는 18세기 후반에 사업을 일으켜 큰 재산을 모아 부르주아가 된 집안의 사람이었기 때문입니다.

막스 베버는 아버지 덕분에 아무런 불편 없이 성장했고 일류 교육을 받을 수 있었습니다. 그가 학자로서 성공을 거둔 것도 아버지 덕분입니다. 그러나 그는 시대를 비평하는 사람으로서 아버지의 벼락부자 근성을 좋아하지 않았습니다.

이것은 노동을 하지 않고 부자인 아버지에게 빌붙어 사는 『그 후』에 등장하는 다이스케와 동일한 상황이어서 매우 흥미롭습니다.

막스 베버는 잠깐 정신병원에 갔다 왔다는 말이 있는데, 아버지와의 불화와 아버지의 돌연한 죽음이 그의 마음에 큰 영향을 미친 모양입니다. 아버지와 대립하면서도 아버지의 재산에 의존하고 있는 모순된 감정도 『그 후』의 주인공인 다이스케를 연상케 합니다. 여하튼 막스 베버는 돈에 대해서 어떤 태도를 취해야 할지 고민스러웠을 것입니다.

시대가 그러니 어쩔 수 없지
'세대 사이의 대립'이라는 말이 있듯이, 같은 시대를 살아간다고 해도 동일한 가치관을 지니고 있는 것은 아닙니다. 가까운 부모와 자식 사이에도 20년에서 30년 정도의 나이 차이가 있기 때문에 생각이 충돌하는 경우가 자주 있습니다. 일본의 경우를 살펴보면 새로운 메이지 국가를 만들기 위해 기초를 다지는 밑바닥부터 뛰어든 사람과 이미 확장을 위해 매진하고 있을 때 태어나서 자란 세대는 그 의식이 달라질 수밖에 없습니다.

마찬가지로 전쟁 전의 세대와 전쟁 후의 세대 또한 다를 수밖에 없겠지요. 불타버린 들판에 전후(戰後)라는 새로운 시대를 건설한 세대와 그 후 경제성장의 과정에서 태어나 자란 세대의 의식은 상당한 격차를 보입니다.

시대를 밑바닥부터 만든 세대는 '우리가 열심히 노력했기 때문에 이 국가가 발전했어'라는 만족스러운 감정이 있습니다. 사회에 여러 가지 모순이 발생해도 스스로 그 사회 건설의 당사자라는 점에서 큰 의문을 갖지 않습니다. 이것은 정치가나 사업가에만 해당되는 이야기가 아니고 일반 시민에게도 그대로 적용이 됩니다.

그러나 이미 만들어진 시대에 태어난 사람들은 그와 같은 충실한 만족감을 느낄 수가 없습니다. 오히려 세상의 모순만 눈에 들어와 그것을 만든 세대에 대해 불만을 가집니다. 시대를 창조한 사람들이 가진 '어떻게 해서든 살아남겠다'는 적극적인 마음이 별로 없습니다. 그리고 '열심히 해도 변하는 것이 없어'라는 좀 허무적인 감정을 지니기 쉽습니다. 전자를 '창시자 의식'이라고 부를 수 있다면 후자는 '말류(末流) 의식'이라고 부를 수 있겠지요.

나쓰메 소세키는 새로운 국가가 탄생하던 때의 당사자가 아니라 그 후의 시대를 살았던 사람입니다. 따라서 나쓰메 소세키는 '말류 의식'을 가지고 시대를 살아가는 사람들을 묘사했다고 말할 수 있습니다.

나쓰메 소세키의 소설에 등장하는 주인공을 보면 세상을 적극적으로 개척하려는 야심가나 시대에 대한 꿈과 의욕을 가진 사람이 없습니다. 대부분은 부자 아버지에게 기생하는 젊은이, 은둔 생활을 하는 지적 교양인, 먹고살 만큼의 자산이 있어서 일하지 않아도 되는 '여유 있는 백수', 또는 먹고살 만큼만 일하는 사람 등이 주인공입니다.

이들의 공통점은 모두 시대에 대해 나름대로 불만을 가지고 있지만 불만을 타파하기보다는 포기하고 있다는 느낌을 준다는 것입니다. 그리고 그들 모두 세상에서 세력을 넓히고 있는 자본주의에 대해 의문의 눈초리를 들이대지만 한편으로는 어딘가 달관한 듯한 모습을 보입니다. 즉 '돈만 있으면 되는 세상은 더럽고 싫다'고 생각하면서도 동시에 '말은 그렇게 해도 시대의 추세가 그러니 어쩔 수 없지'라고 생각하는 것이지요.

청빈에서 태어난 자본주의

자본주의는 돈에 대한 더러운 욕망이 원동력이 되어 태어났다고 생각하기 쉽지만 사실은 그렇지가 않습니다.

이른바 '청빈(淸貧)'의 이야기가 그렇습니다. 일본에도 자동차 회사를 설립한 도요타 사키치(豊田佐吉, 1867~1930)처럼 가난한 집안에서 태어난 사람이 필사적인 노력을 해서 성공했다는 창업자 이야기가 많이 있습니다. 따라서 '부의 밑바닥에는 금욕적인 것이 존재하는' 것도 사실입니다.

막스 베버의 『프로테스탄트 윤리와 자본주의 정신』도 자본주의의 기원이 인색함의 철학이 아니라 오히려 금욕적인 에토스(Ethos)로 거슬러 올라갈 수 있음을 분명하게 보여주었습니다.

『프로테스탄트 윤리와 자본주의 정신』을 간단하게 정리해보면 다음과 같습니다. 수도원에서 수도사들이 금욕적인 생활을 하는 것처럼 프로테스탄트 신자들은 사리사욕에서 벗어나 올바른 규칙을 지키고 일체의 낭비도 없이 노동하는 의미조차 잊고 사회 속에서 묵묵히, 그리고 열심히 노동을 한다. 그 결과로 부를 축적해도 그것을 즐기지 않고 다시 영리에 재투자해서 점점 부가 축적되어 자본주의의 발전에 크게 기여했다.

처음 근대 자본주의라는 것이 태어났을 때 거기에는 아름다운 이상과 같은 것이 있었습니다. 18세기 경제학자 애덤 스미스(1723~1790)는 『국부론』에서 그 누구에게도 방해를 받지 않는 자유로운 경쟁이 부를 만들고 풍요로운 사회를 실현할 수 있다고 말했습니다. 그리고 설사 경쟁이 있다고 해도 사람들 속에 도덕과 윤리가 존재하는 한, 이른바 '신의 보이지 않는 손'이 작용해서 불평등과 불균형은 생기지 않을 것이라고 기

대했습니다.

그러나 자본주의가 걸어온 길에는 보이지 않는 손이 작용하지 않았습니다. 현실에서는 수단을 가리지 않는 불공정한 경쟁과 가혹한 부의 편중이 생겼습니다. 그리고 경제 발전이 벽에 부딪힌 나라들은 새로운 시장을 개척하기 위해 외국으로 나갔습니다. 이것이 20세기 세계전쟁의 원흉이 된 '제국주의'입니다. 거기에는 자본주의의 '영웅시대'를 지탱했던 시민적 경제 관념은 이미 사라지고 없습니다. 거기에 남은 것은 이상하게 부풀린 오만과 영혼을 잃어버린 사고였습니다. 막스 베버는 이 점에 대해 『프로테스탄트 윤리와 자본주의 정신』의 마지막 부분에서 이런 진단을 내렸습니다.

"이런 문화 발전의 마지막에 나타나는 '마지막 사람들(letzte Menschen)'에게 다음과 같은 말이 진리가 될 것이다. '영혼이 없는 전문가, 마음이 없는 향락인. 이들은 인간성이 과거에 도달하지 못했던 단계에 이미 올랐다고 스스로 자화자찬할 것이다.'"

'마지막 사람들'은 '최후의 사람들'이라고 번역하기도 하는데, 의미가 깊은 말입니다. 이들은 더 이상 의미에 대해 생각하기를 그만둔 사람들의 말로를 가리킵니다. 그래서 막스 베버는 그들을 '영혼이 없는 전문가, 마음이 없는 향락인'에 비유한 것이지요.

나쓰메 소세키가 20세기 초반에 정부의 장학금을 받고 영국에 유학한 것은 널리 알려진 사실입니다. 막스 베버 또한 거의 같은 시기에 비슷한 방법으로 미국을 방문했으며, 그때의 '미국 체험'을 토대로 저술한 것이 『프로테스탄트 윤리와 자본주의 정신』입니다.

이미 유럽은 사양길에 접어들고 '구세계'로 변하고 있었지만 미국은 그 '구세계'에서 벗어난 사람들에 의해 '명백한 운명'을 바탕으로 '새로운 예루살렘'을 건국한 '신세계'였습니다. 막스 베버는 당당하게 대두하기 시작한 젊은 제국의 땅에서 본 견문을 토대로 자본주의가 도달할 지점까지 꿰뚫어 보았던 것이지요.

뉴욕에서는 "우리 나라의 아파트를 열 개 정도 쌓은 듯한" 마천루가 줄지어 있는 것을 보았고 만원 상태로 오고가는 전차의 굉음소리를 들었습니다. 시카고에서는 거리 전체가 "내장의 움직임이 몸 밖으로 보이는 한 인간"처럼 바쁘게 움직이는 모습을 보았습니다. 막스 베버는 그때 이런 말을 했다고 합니다. "보라, 근대적 세계는 이런 것이다."

과거의 제국주의, 현재의 월스트리트

돈은 참으로 이해하기 힘든 성질을 지니고 있어서 '노동의 보상'과 같은 의미를 떠나 '돈'으로 독립하게 되면 그 자체가 목적이 되고 맙니다. 원래는 '돈을 위해 일한 것이 아닌' 사람들도 점점 '돈을 위해 일하게' 되고 점점 원래의 모습에서 벗어나 '돈을 위해 돈이 도는' 상태로 변하며, 결국에는 '돈이 돌면 돌수록 돈이 늘어나게' 됩니다.

이것은 나쓰메 소세키와 막스 베버로부터 백 년이 지난 지금 우리의 이야기, 즉 '세계화'가 국경을 넘어 세계를 넘나드는 현재의 상황입니다.

과거 제국주의가 발호했을 때 일본의 모험적인 자본가들과 야심가들은 노다지를 캐기 위해 만주 등지로 건너갔습니다. 그와 같은 인물이 나쓰메 소세키의 소설 여기저기에 등장합니다. 그러나 오늘날의 모험가들은 어디론가 떠날 필요가 없습니다. 오늘날 글로벌 머니의 모험가들은 '월스트리트'에 앉아서 막대한 이익을 거두고 있습니다.

그런 금융자본을 인격화한 캐릭터가 화제가 된 적이 있는데, 글로벌 머니의 모험가들은 과거처럼 식민지를 필요로 하지도 않습니다. 특정한 영토에 구애될 필요가 없습니다. 국경을 넘어 세계 곳곳에 IT 기술을 구사해서 글로벌 머니 네트워크를 구축하는 것이 그들에게 엄청난 이윤을 안겨 주기 때문입니다.

그러나 막스 베버가 말한 자본주의의 개념에서 보면 이렇게 돈을 만들어 내기 위한 자본주의는 물건이나 서비스의 생산을 중심으로 하는 산업주의에서 일탈한 '금융 기생적 자본주의'라고 표현할 수밖에 없습니다. 막스 베버는 그것을 근대 자본주의의 '정통'이라고 간주하지 않았습니다.

그러나 오늘날에는 그것이야말로 좀 더 '선진적인' 자본주의 시스템이라고 생각합니다.

나쓰메 소세키는 자본주의가 이렇게 변질되기 훨씬 이전 시대를 살았지만 돈이 지닌 '위험성'을 깊이 깨닫고 있었기 때문에 막스 베버와 마찬가지로 심각한 마음으로 바라보았을 것입니다.

돈만을 만들기 위한 자본주의의 문제점은 모험가들뿐만 아니라 '돈과 관계된 일을 하는 모든 사람'의 인간성을 왜곡시킬 가능성이 있다는 것입니다. 그래서 나쓰메 소세키는 집요할 정도로 '돈을 둘러싼 인간의 모습'을 묘사한 것이 아닐까요?

예를 들면 일을 하지 않고 아버지에게 기생하며 살아가는 『그 후』의 주인공 다이스케나 부모로부터 돈을 뜯어서 살아가려는 『명암』의 쓰다와 같은 사람이 등장합니다. 그들의 모습을 한마디로 표현하면 '놀고먹는' 것이지만, 그것을 나쁘다고 생각하지 않는 것이 이미 독에 중독되어 있음을 보여줍니다. 그들은 아버지에게 기생하며 산다기보다는 어떤 의미에서는 자본주의에 기생하며 살아가는 것입니다.

또한 매우 불쾌한 방법으로 '등을 치는' 사람도 등장합니다. 예를 들면 『명암』에 나오는 고바야시 등이 그렇습니다. 그는 먹고살기 힘든 세상에서 무위도식을 하는 사람이지만 매우 교활해서 쓰다의 돈을 뜯어내는 방법을 보면 오싹 소름이 돋을 정도로 징그럽습니다. 그러나 고바야시 또한 그것을 나쁘다고 생각하지 않습니다.

나쓰메 소세키의 자서전에 가깝다고 말하는 『길 위의 생』에서도 주인공 겐지에게서 돈을 뜯어내는 시마다라는 노인이 등장합니다. 그는 어린 시절 겐지를 키워 준 양아버지로, "과거에 키워 준 빚이 있으니 지금 돈으로 갚는 것은 당연한 거야"라는 말을 아무렇지도 않게 내뱉습니다.

이렇게 '등을 치는' 논리 또한 자본주의의 모습과 관계가 있습니다. 즉 "돈은 자기가 있어야 할 곳에 으레 있기 마련이다. 따라서 돈을 갖고 있는 사람으로부터 빼앗아도 좋다"는 논리입니다.

시마다 때문에 겐지 부부의 사이는 점점 험악해지는데, 이때 겐지가 자기도 모르게 내뱉는 말은 나쓰메 소세키의 절규처럼 들립니다.

"모두 돈을 가지고 싶어한다. 그렇게 돈 이외의 다른 것은 가지고 싶어하지 않는다."

돈 때문에 고민하는 소시민
나쓰메 소세키는 백 년 전에 그런 사람들을 실제로 목격하고 소설로 썼겠지만 본인은 과연 어떠했을까요?

나쓰메 소세키는 『길 위의 생』의 주인공 겐지처럼 착실하게 교사 일을 하다가 아사히신문사에 입사해서 문필 활동을 했던 사람입니다. 교사 일을 하던 시절에도 부유하지는 않았고, 일본을 대표하는 작가가 된 후에도 셋집에 살았고 결코 부자는 아니었습니다. 황금만능주의를 증오할 정도였기 때문에 검소한 생활을 했을 것으로 생각됩니다.

막스 베버 또한 원래는 자산가였지만 대학교수였고 대학을 그만둔 뒤에는 연금 생활자가 되었습니다. 두 사람 모두 기업가가 아니라 보통 사람들처럼 급료를 받아서 생활하는 '일하는 사람'이었습니다.

이런 뜻밖의 모습을 보면서 좋은 말은 아니지만 '그들 또한 소시민이었다'고 생각하게 됩니다. 그리고 보통 시민으로 살았기 때문에 저항하기 힘든 힘을 가지고 발전해 가는 자본주의의 모습을 일정한 거리를 두고 바라볼 수 있었으며, '돈과 욕망'의 세계에 대해 어떤 윤리를 가지고 살아야 하는지 깊이 고민할 수 있었을 것입니다.

그들은 돈과 금융자본주의에 대한 경계를 게을리하지 않았습니다. 그러나 동시에 그들 또한 약간의 사치를 부렸습니다. 실제로 나쓰메 소세키는 패션의 유행에 신경을 썼으며, 수염 모양이나 사진을 찍을 때의 각도에 꽤나 신경을 쓰는 멋쟁이였습니다. 먹는 것에도 꽤 까다로웠습니다. 그 정도는 좋다고 생각했던 것이지요.

나 또한 사치를 할 생각은 전혀 없지만 그렇다고 구두쇠도 아닙니다. 주린 배만 채울 수 있다면 먹는 것은 아무래도 좋다고 생각하지 않으며, 입을 수 있는 것이라면 누더기도 좋다고 생각하지 않습니다. 취미에 돈을 쓰고 싶고 여유가 있다면 적극적으로 사용해도 좋다고 생각합니다. 그렇다고 해서 이익을 얻기 위해 온 신경을 곤두세우는 것에는 강한 저항감이 있습니다. 아마도 많은 사람들이 비슷한 생각을 가지고 있을 것으로 생각합니다.

나는 아무 주저 없이 "검약은 미덕이다"라고 말할 자신이 없습니다. 나카노 고지(中野孝次) 씨의 『청빈의 사상』이라는 책도 있지만, 오늘날 '청빈'에서 그 어떤 문화가 생기기는 힘듭니다. '가난하다'는 것에 어떤 가치가 있다고 생각하는 사람은 없을 것입니다. 이제는 『현자의 선물』과 같은 아름다운 이야기가 나오지도 않을 것이며, 『우동 한 그릇』을 읽어도 현대의 우리는 곧바로 감동을 느낄 수 없습니다.

또한 아무리 기생적 머니 게임이 좋지 않다고 말을 해도 우리 가운데에 그 혜택을 받고 있는 사람들이 적지 않습니다. 주식, 펀드, 보험, 연금…… 이 모든 것이 머니 게임의 소산이며 우리는 그것들과 완전히 단절된 세계에 살고 있지도 않습니다.

그러나 많은 사람들은 "돈을 버는 것이 왜 나빠?"라고 말하기를 싫어합니다.

그렇다면 결국 나쓰메 소세키처럼 가능한 범위 내에서 돈을 벌고 가능한 범위 내에서 돈을 사용하고, 그러면서도 돈 때문에 마음을 잃지 않도록 윤리에 대해 고민하면서 자본의 논리 위를 걸어갈 수밖에 없다고 말하면 너무 평범할까요?

다만 서장에서 말한 것처럼 시대의 흐름 속에서 모든 가치가 '변화'하는데 '돈'만은 '불변'의 가치를 지닌 일종의 기호로서 계속 존재해 온 것은 틀림없는 사실입니다. 이래서 돈은 경시하기 힘듭니다.

3

제대로
안다는 것은 무엇일까?

…… 물론 '무엇이든 알고 있는 박식한 사람'은 훌륭하다고 생각합니다. 그렇지만 나는 본래 '박식한 사람', '정보통'과 '지성'은 엄격하게 구분된다고 생각합니다. '알고 있다(know)'와 '사고하다(think)'는 다릅니다. '정보(information)'와 '지성(intelligence)'은 같지 않습니다. **본문 65쪽에서**

제대로
안다는 것은 무엇일까?

'정보통'이 과연 지성일까?

〈알고 있다고 생각해?!〉라는 제목의 텔레비전 프로그램이 있었는데, 이 표현을 볼 때마다 현재 세상에서 '지성(知性)'이라고 부르는 것은 모두 '~라고 생각하는 것', '그런 느낌이 들 뿐'이 아닐까 생각합니다.

'정보화사회'라는 말이 빈번하게 사용되기 시작한 것은 1970년대였는데, 현재 현실에 존재하고 있는 정보화사회는 당시 논의되던 정보화사회와는 전혀 다르게 느껴질 정도로 극한에 이르렀습니다.

직장이나 학교, 일상생활에서 정보가 홍수처럼 넘치고 있고, 들어본 적이 없는 것과 마주쳐도 인터넷 등을 통해 검색하면 순식간에 대강의 것을 알 수 있습니다.

따라서 이런 상황이 일상적이 된 오늘날의 우리는 '이미 모든 것을 알고 있다', '모르는 것은 아무것도 없다'는, 과다한 정보량에 트림이 나올 듯한 기분을 느끼게 됩니다.

그와 관련해서 요즘 사람들은 '알고 있다', '모른다'라는 것에 매우 민감하게 반응합니다. "~ 몰라?"라고 질문을 받았을 때 "몰라"라고 대답하면서 지나치게 수치심을 느낍니다. 실제로 "몰라"라고 대답하면 "에이, 그런 것도 몰라?"라는 말을 듣게 됩니다. 이것은 정보의 서랍을 더 많이 가지고 있는 것을 지성이라고 착각하고 있기 때문이 아닐까요? "~을 모르면 어때" 하고 말하고 싶은 것이 나뿐일까요?

물론 '무엇이든 알고 있는 박식한 사람'은 훌륭하다고 생각합니다. 그렇지만 '지성'은 '박식한 사람'이나 '정보통'과 엄격하게 구분된다고 생각합니다. '알고 있다(know)'와 '사고하다(think)'는 다릅니다. '정보(information)'와 '지성(intelligence)'은 같지 않습니다.

예를 들면 컴퓨터 조작에 능숙한 초등학생이 기계를 잘 다루지 못하는 아버지를 대신해서 여행 계획서를 만든다고 해봅시다. 초등학생은 그 자리에서 교통수단과 숙박할 곳, 목적지의 정보를 수집해서 프린트를 합니다. 그렇다고 해서 이 초등학생이 아버지보다 지적인 인간이라고 말할 수는 없습니다. 이것은 박식함과 지성의 차이가 되겠지요.

정보를 다루는 기술이 뛰어난 — 그러한 지(知)의 존재방식과 관계되어서인지, 나는 정보기술에 능통한 젊은이들 중에 이상하게 폭삭 늙어버린 이미지를 가진 사람이 있다는 생각을 지울 수가 없습니다. 모든 것을 정열적으로 탐구하지 않는다고 할까, 아무 생각도 없고 호기심도 갖지 않는다고 할까, 또는 처음부터 갈 곳을 예상하고 더 이상 생각하지 않으려고 한다고 말할 수 있지 않을까요? 그 또한 모든 것의 원인과 결과의 몇 가지 유형(이렇게 하면 이렇게 된다)을 '정보'로 축적하고 있기 때문일 것입니다.

정보의 서랍의 경우 자기 피와 살이 된 듯한 정보가 들어 있는 서랍이라면 좋겠지만, 옷 주머니에 잔뜩 쑤셔 넣어져 있는 종이 쪼가리 같은 지성, 이것을 '알고 있다고 생각하는 것?!' 뿐인 지성이라고 표현하면 내가 너무 엄격한 것일까요?

괴테의 『파우스트』에 "악마는 늙은이다. 따라서 늙은이가 되지 않으면 악마의 말을 알 수 없어"라는 말이 나오는데 매우 의미가 깊은 말입니다. 젊은이의 얕은 지혜는 노인의 성숙한 지혜를 넘어설 수 없겠지요.

과학은 모든 것을 가르쳐 주지 않는다

인간의 지성이라는 것은 원래 학식과 교양 같은 요소에 더해 협조성과 도덕관이라는 요건을 갖춘 종합적인 것을 가리키는 말입니다. 그러나 본래 그러했던 인간의 지성은 점점 분할되기 시작합니다. 그것은 과학기술의 발전과 밀접한 관계가 있습니다. 분할되는 과정에서 어느 한 부분만 비대해진 결과 현재와 같은 상태가 되고 말았습니다.

19세기 말에 인간이 지닌 지성의 파편화가 급속하게 진행되는 상황을 의욕적으로 분석하고 탐구하려고 했던 사람이 막스 베버입니다. 그는 문명이 인간의 한쪽 면만을 합리화하는 상황을 주지화(主知化)의 문제로 파악하고, 인간의 조화롭고 종합적인 지성 획득에 대해 단념해야 하는 것이 주지적 합리화가 지닌 '숙명'이라고 생각했습니다. 그는 단테의 『신곡』에 나오는 말을 인용해서 "모든 희망을 버려라"라고 말할 정도였습니다.

『직업으로서의 학문(과학)』에서 막스 베버는 이렇게 말했습니다.

"우리는 모두 자기들이 미개사회보다 훨씬 진보했고 미국의 선주민들보다 훨씬 자기 생활에 대해 잘 알고 있다고 생각합니다. 그러나 그것은 착각입니다. 우리는 모두 전차를 타는 방법을 알고 있으며 아무런 의문 없이 전차를 타고 목적지로 가지만 차량이 어떤 메커니즘으로 움직이고 있는지 알고 있는 사람은 거의 없습니다. 그러나 미개사회의 인간들은 자기들이 사용하고 있는 도구에 대해 우리보다 훨씬 잘 숙지하고 있습니다. 따라서 주지화나 합리화는 우리가 살아가는 데 필요한 생활의 지식을 늘려 주는 것은 아닙니다."

그리고 고도로 과학이 발전한 의학에 대해서도 이렇게 말했습니다.

"의사는 갖은 방법으로 환자의 병을 치료하고 생명을 유지하는 것에만 노력을 기울입니다. 환자가 고통에서 해방되기를 원하고 환자의 가족도 그것을 원한다고 해도, 환자가 치료비를 지불할 수 없는 가난한 사람이라고 해도 관계가 없습니다. 즉 과학은 그 행위의 궁극적이고 본래적 의미에 대해서는 아무것도 대답하지 못합니다."

막스 베버는 19세기 러시아의 문호인 톨스토이에게 깊은 관심을 가지고, 합리화의 문제를 생각할 때 종종 톨스토이를 언급했습니다.

톨스토이의 『인생론』에는 이런 에피소드가 소개되어 있습니다.

어느 곳에 물레방아로 밀을 빻는 남자가 있었습니다. 그는 자연의 혜택을 받으며 아침부터 저녁까지 열심히 일을 했는데, 어느 날 물레방아의 메커니즘에 흥미를 갖게 되었습니다. 그리고 물레방아가 끌어들인 강물에 의해 움직인다는 것을 이해하자 이번에는 강에 대한 연구에 몰두하게 되었는데, 어느 순간 정신을 차리고 보니 본래의 일인 밀 빻는 것을 잊고 있었다는 이야기입니다.

톨스토이의 주제는 철저하게 '반(反)과학'입니다. 과학은 우리가 무엇을 해야 하는지에 대해 아무것도 알려 주지 않으며, 그뿐만이 아니라 인간의 행위가 원래 품고 있던 소중한 의미를 하나씩 빼앗아 간다고 생각했던 것이지요.

배를 타고 가는 것도 불행, 바다에 뛰어드는 것도 불행
나쓰메 소세키도 똑같은 말을 했습니다.

"현대 문명은 완전한 인간을 매일매일 불구자로 망가뜨리며 앞으로 나아간다고 평해도 큰 무리가 없을 것입니다. 오래된 야만 시대에는 남의 힘을 빌리지 않고 자기 스스로 몸에 걸칠 것을 찾아내고 스스로 우물을 파서 물을 마셨으며, 또한 스스로 나무 열매나 무언가를 주워 먹고 자유롭고 부족함 없이, 설사 부족함이 있더라도 얼굴을 찡그리지 않고 참았고 …… 생활의 지식을 모두 스스로 준비한다는 점에서 완전한 인간이라고 부를 수 있습니다."(강연 「도락(道樂)과 직업」)

물론 나쓰메 소세키와 막스 베버는 발전해 가는 시대의 흐름에 저항할 수 없다고 생각했습니다. 막스 베버의 말을 빌리면 "인식의 나무 열매를 먹은 사람은 다시 뒤로 돌아갈 수 없습니다."

2장에서 나쓰메 소세키의 런던 유학에 대해 잠시 다루었는데, 나쓰메 소세키의 유학 생활은 결코 유쾌하지 않았습니다. 또한 '선진국'이었던 영국 속에서 일본이 장래의 목표로 삼아야 할 '희망'과 같은 것은 전혀 발견되지 않았습니다. 그뿐 아니라 영국인만큼 정떨어지는 국민은 또 없을 것이라고 생각하기까지 했습니다.

그러나 일본 또한 얼마 지나지 않아 그렇게 될 수밖에 없다는 것도 충분히 예상했습니다. 그래서 일본의 서구화에 대해 "현대 일본의 개화는 수박 겉핥기와 같은 피상적인 개화"이지만 "눈물을 삼키고 피상적으로 달려갈 수밖에 없다"고 말할 수밖에 없었습니다(강연 「현대 일본의 개화」).

나쓰메 소세키가 기묘한 꿈을 열 편 엮어서 쓴 『몽십야』에 이런 생각이 상징적으로 나타나 있는 곳이 있습니다. 「제7화」에 나오는 배를 타고 가는 남자의 이야기입니다.

그 남자는 왜 큰 배의 승객이 되어 배를 타고 있는지, 자기가 어디로 가고 있는지를 모릅니다. 배는 배를 추월해서 지나가 앞쪽에서 지고 있는 태양의 뒤를 쫓아가겠다는 듯이 앞으로 나아갈 뿐입니다. 그래서 선장에게 행선지를 물어보았지만 대답을 해주지 않습니다. 배를 타고 있는 것은 대부분 외국인입니다.

남자는 불안하기도 하고 그대로 배에 타고 있는 것이 의미가 없다는 생각이 들어서 죽기로 결심하고 바다로 뛰어들기로 결심합니다. 그러나 발이 갑판에서 떨어지는 순간 '그냥 있었으면 좋았을 텐데'라고 생각합니다. 높은 갑판에서 바다에 이르기까지 슬로모션처럼 오랜 시간이 걸리고, 그사이에 남자는 어디로 가는지 모르는 배를 그냥 타고 있었던 편이 나았겠다는 생각을 합니다. 그리고 "끝없는 후회와 공포를 느끼며 검은 파도 속으로 조용히 떨어져" 갑니다.

이 이야기는 뭐가 뭔지도 모르는 채로 시대의 흐름에 휘말리는 것이 싫다고 해서 구시대에 매달리는 것은 더 바보 같은 짓이라고 말하고 있습니다.

자연과 동떨어진 인간 중심의 세계

이쯤에서 근대적 '지(知)'라는 것에 대해 잠깐 살펴보려고 합니다.

1장에서 설명한 '나'의 발견과 비슷한 것이 되겠지만, 근대적 '지'는 세계를 이해하는 주체가 '생각하는 나'에 놓이게 되면서 발생했습니다.

넓은 의미에서 인간의 지성은 진, 선, 미와 관련이 있습니다. 18세기 임마누엘 칸트(Immanuel Kant, 1724~1804)가 살았던 시대에는 이 세 가지와 관련된 이상적인 '전인격적인 지성'의 이미지가 아직 살아 있었습니다.

칸트는 『순수이성비판』, 『실천이성비판』, 『판단력비판』이라는 이른바 '비판 삼부작'을 세상에 내놓았는데 거기에는 '무엇을 알 수 있는가?', '무엇을 해야 할 것인가?', '무엇을 좋아해야 하는가?'라는 물음이 조화를 이루며 묘사되어 있습니다. 그런데 이것들은 과학과 합리화의 진전과 더불어 분열하기 시작합니다.

사람들은 과학 속에서 지고한 객관성을 찾아내고 그 인과율에 의해 세계를 정리했습니다. 그것을 통해 과거의 세계에서 의미를 부여했던 전통이나 민간신앙, 종교나 형이상학은 '비과학적'인 것이 되어 점점 과학의 세계에서 밀려나기 시작했습니다.

과학의 인과율만으로 세워진 세계는 칸트가 생각했던 것과는 분명히 다른 세계입니다. 칸트는 인간의 머리 위에 하늘의 법칙이 있고, 또 하나 그에 필적하는 훌륭하고 귀한 세계가 인간의 내부에도 있다고 말했습니다. 전자는 자연의 법칙이고 후자는 인간의 도덕률과 같은 것입니다.

그러나 시대는 그것들의 연관을 파괴하고 나아갔습니다. 앞에서 본 의학과 물레방아의 예에서 볼 수 있듯이 과학이 가르쳐 준 것은 인간다운 가치관이나 도덕관념과는 관계가 없는 것이었습니다.

이와 같은 흐름 속에서 19세기부터 20세기에 걸쳐 많은 학자나 사상가들이 인간의 지성과 인간 사회가 나아갈 길을 찾기 위해 필사적으로 노력했습니다. 당시 유럽에서는 뉴사이언스 실험 같은 것이 성행했습니다. 예를 들면 독일 철학자 에드문트 후설(Edmund Husserl, 1859~1938)의 현상학 등이 그런 것입니다.『유럽 여러 과학의 위기와 초월론적 현상학』은 현상학이야말로 '인간이 무엇을 믿어야 좋은가'라는 세계로 과학을 다시 되돌려놓을 수 있다는 결의가 대단한 시도였습니다.

그러나 막스 베버는 후설과 달리 비관적이었습니다. 끝이 없는 과학의 진보를 보며 지성이 전문적으로 분화하고 파편화되며, 인간이 어떻게 살아야 하는가, 어떻게 행동해야 할까, 무엇을 믿어야 하는가와 같은 절실한 '의식 문제'가 점점 비합리적인 결단의 영역으로 밀려날 것으로 예상했습니다.

막스 베버가 예상한 것은 이른바 '유뇌론적(唯腦論的) 세계'입니다. 오만하며 인간 중심적이고, 게다가 맥락이 없는 정보가 홍수처럼 쏟아지는 사회. 그것은 자연의 영위와는 전혀 관계가 없고, 제멋대로인 인간의 뇌가 자의적으로 만들어 낸 세계입니다.

이것이 바로 우리 주위에 있는 세계가 아닐까요? 예를 들면 자기 방에 있는 컴퓨터로 먼 외국에서 현재 일어나고 있는 사건의 현장을 볼 수 있다면 물리적 거리나 국경은 의미가 없어지고, 24시간 언제든지 돈을 찾아서 쇼핑을 할 수 있다면 아침, 점심, 저녁의 구별도 필요 없게 됩니다. 또한 생명 유지 장치를 통해 인간을 죽지 않게 만들 수 있다면 죽음의 의미도 사라지고 말 것입니다. 유뇌론적 세계가 현실이 되고 있습니다.

브리콜라주의 가능성
이런 와중에서 우리는 어떤 지성을 믿거나 선택하면 좋을까요? 나는 두 가지 방향성이 있다고 생각합니다.

하나는 『몽십야』의 배를 탄 남자처럼 우리는 이제 돌아갈 수 없다는 것을, 그래서 '무엇을 알아야 하는가?', '무엇을 해야 할 것인가?', '무엇을 좋아해야 하는가?'와 같은 것들이 조화를 이룰 수 없다는 것을 수용하고 탐욕스럽게 지의 최첨단으로 달려가는 것입니다. 이것은 상당히 '힘든 일'이며, '알고 있다고 생각하는 것?!' 정도로는 성에 차지 않는 결연한 각오가 필요할 것입니다.

참고로 막스 베버는 '지'라는 것이 가치에서 떨어져 나가 전문적으로 분화되고 그를 통해 반대로 개인의 주관적 가치는 객관적 근거를 가질 수 없게 되고, 그 결과로 대립되는 여러 가치들이 영원히 다투게 될 것으로 예측했습니다. 막스 베버는 그것을 '신의 투쟁'이라고 불렀습니다.

그는 그렇게 변해 가는 시대의 운명을 견디지 못하는 사람은 오래된 교회의 따뜻한 품으로 돌아가면 되지만, 그렇게 되면 '지성'을 제물로 바치는 희생은 피할 수 없다고 말했습니다. 막스 베버는 그런 운명을 마지막 순간에서야 받아들여 철저하게 고민함으로써 '지'의 임계점에 도달하려고 했습니다.

이에 대해 나는 또 하나의 방향성을 찾아보고 싶습니다. 인류학자인 레비스트로스가 말한 '브리콜라주(bricolage)'적인 지의 가능성을 찾아보는 것입니다. 프랑스어인 브리콜라주는 '여러 가지 일에 손대기' 등으로 번역이 되는데, 바로 눈앞에 있는 것들로 필요한 무엇인가를 만드는 작업을 가리키는 말입니다. 나는 그것을 확대해석해서 중세 시대의 크래프트(craft)적인 숙련, 또는 신체감각을 통한 지의 본래 모습까지 넓혀 보는 것이 어떨까 생각합니다.

과학 만능의 흐름 속에서 미신이나 종교 따위는 쫓겨났지만, 그것들은 완전하게 사라진 것이 아니고 니체의 표현을 빌리면 "등 뒤의 세계"가 되어 이 세상의 구석에 박혀 남아 있습니다. 그 속에 '자연의 변화 속에서 얻는 지'의 전통이 명맥을 유지하고 있습니다.

그것들은 일시적으로 절멸 직전까지 갔지만 이제 조금씩 되살아나고 있다는 생각이 듭니다.

사실은 이런 생각을 할 때마다 나는 어머니가 떠오릅니다.

어머니는 이른바 전근대적 종교적 전통이나 관습을 지키며 살아온 사람이었습니다. 사계절에 따른 행사, 세시풍속, 사람의 죽고 사는 것, 성장과 쇠퇴에 대한 생각 등 그 모습은 마치 음력의 세계인 듯했는데, 놀라운 것은 순환을 되풀이하는 자연의 섭리와 정확하게 일치했다는 점입니다. 따라서 인간이 진정으로 알아야 할 것이 무엇일까, 하고 생각할 때 거기서도 실마리를 얻을 수 있다고 생각됩니다.

예를 들면 이 무렵 바다에 들어가 모시조개를 잡으면 모래가 적고 살이 통통한 것이 많다든가, 이때쯤 약초를 먹으면 몸에 좋다는 것과 같은 지혜입니다. 이런 자연에서 얻는 지식을 다시 보아야 하지 않을까요?

우리 사회는 지금 모든 것의 경계가 허물어진 상태가 되었고, 거기에 엄청난 정보들이 떠다니고 있습니다. 분명 인간의 뇌에는 한계가 없고, 그대로 내버려두면 끝없이 확대되고 자기 위주로 국경 없는 세계를 만들어 갑니다.

그러나 현실의 육체나 감각에는 한계가 있습니다. 따라서 반대로 자기 세계를 확대하는 것이 아니라 적당한 형태로 한정합니다. 그 경우에 세계를 닫는 것이 아니라 계속 열어 둔 채로 자기 신체에 맞춰 한정합니다. 그렇듯 자연에서 얻은 '지'의 모습은 그 세계에 있는 것에 대해서는 거의 속속들이 알고 있습니다. 그것이 '반(反)과학'은 아닙니다. 하지만, 어떤 의미에서는 '비(非)과학'이기도 합니다. 그리고 그런 것들이 있어도 좋지 않을까요?

'인간은 무엇을 알아야 할 것인가'라는 문제는 어떤 사회가 바람직한 사회인지를 묻는 물음과 관련이 있습니다. 여하튼 우리의 지성이 무엇 때문에 있으며 우리는 어떤 사회를 지향해야 하는지를 다시 생각해 볼 필요가 있지 않을까요?

4

청춘은 아름다운가?

…… 우리 모두의 인생 속에 반드시 존재하는 '청춘'을 알지도 못하고 끝을 내거나 그 소중한 청춘을 매일 한 장씩 떼어서 버리는 것, 그것은 불행이 아닐까요? 그렇게 살다가 10년 후에 자기 삶을 돌아보면 거기에는 삭막함만이 남아 있을 것입니다. 본문 88~89쪽에서

청춘은
아름다운가?

왜 청춘을 부끄러워할까?

대부분의 사람들은 "나이를 먹고 싶지 않다"고 말합니다. "늙어 보여"라는 말을 들으면 벌컥 화를 내지만 "젊어 보여"라는 말을 들으면 기분 좋은 것이 세상의 상식이겠지요. 일본에서는 '젊음'에 최고의 가치가 있는 듯이 보이고 그것만이 아름답다는 통념이 있는 듯이 보입니다.

그러나 '젊음'과 비슷한 '청춘'은 어떤가요? 이쪽은 조금 달라서 "저 사람 청춘이구만"이라는 말에는 놀리는 듯한 뉘앙

스가 포함되어 있고, "나는 청춘의 한가운데 있어"라고 말을 하면 이상한 눈초리를 받을지도 모르겠습니다.

어떤 저명한 사회학자가 출판사와 대담을 하다가 어떤 잡지에 실리는지 물었다고 합니다. 편집자가 『청춘과 독서』입니다"라고 대답하자 그는 "그런 부끄러운 이름을 가진 잡지가 아직도 있단 말이야"라고 말해 한동안 이야깃거리가 되었다는 말을 들은 적이 있습니다.

곰곰이 생각해 보니 20년쯤 전에는 텔레비전 프로그램이나 노래에 '청춘'이라는 말을 꽤 많이 사용했던 것으로 기억하는데, 지금은 거의 찾아보기가 힘듭니다. 예의 사회학자는 '청춘'이라는 말을 사용하는 것 자체가 어쩐지 부끄러운 느낌이 들었던 모양입니다. 나도 학생들에게 "좋네, 청춘이잖아"라고 말했더니 상대는 무슨 말을 들었는지 모르겠다는 듯이 멍한 표정을 짓고 있었습니다. 이 말은 이미 죽은 말이 되고 만 느낌입니다.

그러나 나는 청춘이라는 말에 대한 집착을 버릴 수가 없습니다.

청춘은 단지 젊음만을 가리키는 말이 아닙니다. 청춘기이기 때문에 얻을 수 있는 것이 있다고 생각합니다. 청춘이 부끄러운 것이라고 느끼는 것은 우리가 이미 무언가를 잃었다는 증거가 아닐까요?

허공에 걸려 있는 듯한 청춘 시절

만약 청춘이라는 것이 이리저리 뛰어다니며 땀을 흘리고 갑자기 웃음을 터뜨리거나 육체의 젊음을 노래하는 것이라고 한다면 내 청춘은 전혀 다른 것이었습니다. 1장에서도 말했지만 그 시기의 나는 고민의 바닥에 깊이 가라앉아 답이 나오지 않는 물음에 사로잡혀 괴로워했기 때문입니다. '발랄' 이라는 형용과는 거리가 멀었습니다. 번민만이 있던 때였지요.

인생을 사계절에 비유하면 '봄' 에 해당하는 것이 청춘 시절이겠지요. 사실 나는 사계절 가운데 봄이 가장 힘듭니다. 졸업식과 입학식에서 보듯이 인간이 무엇인가를 졸업하고 다음 단계로 올라가는 계절이 봄입니다. 그러나 모두 앞으로 나아가는 것을 곁눈질하면서 그 자리에서 움직일 수 없는 사람도 있습니다. 즉 봄이라는 계절은 어떤 의미에서는 잔혹한 계절이라고도 말할 수 있습니다.

내 청춘을 생각할 때 늘 그립게 떠오르는 것이 나쓰메 소세키의 『산시로』입니다. 산시로는 나와 마찬가지로 구마모토(熊本)에서 상경한 대학생으로 제국의 수도 도쿄의 소란 속에 내던져져 우왕좌왕합니다. 도시의 화려함에 끌리면서도 적응이 되지 않고 미네코라는 아름다운 여자를 사랑하지만 어찌할 바를 모르고 두려움과 불안, 동경이 뒤섞인 상태로 꼼짝도 하지 못합니다. 구마모토에서 상경했을 때 나는 산시로와 판박이였습니다.

일반적으로 『산시로』는 청춘 소설이라고 말하고, 나 역시 처음에 그렇게 생각하고 읽었습니다. 그러나 지금은 좀 다르게 보입니다. 가볍고 묘한 필체로 썼기 때문에 알아차리기 힘들지만, 예를 들어 등장인물을 보면 청춘 소설의 화려한 분위기를 느낄 수 없습니다. 장래에 대한 청운의 뜻을 가지고 있거나 국가의 발전을 위해 적극적으로 참여하겠다는 인간은 나오지 않습니다. 이 소설이 나온 것은 일본이 러일전쟁에서 승리하고 '일등 국가가 되었다'고 떠들썩하던 시대입니다. 따라서 시대에 대한 약간의 희망 같은 것이 들어 있어도 좋지 않을까 생각되는데 그게 없습니다.

2장에서도 말했지만 그것은 나쓰메 소세키의 '말류 의식' 탓이라고 생각합니다. 『산시로』에는 『그 후』의 주인공인 다이스케처럼 허무하게 시대를 비평하는 인물은 없지만, 많은 적든 그와 비슷한 생각을 품은 사람들이 등장합니다. 즉 "시대는 불행한 방향으로 향하고 있다. 그 흐름을 바꿀 수는 없다. 나 또한 그 속에서 살 수밖에 없다. 말은 그렇게 하지만 어떻게 해야 할지 모르겠다"는 생각입니다. 나는 나쓰메 소세키의 소설에 등장하는 인물을 보면서 불만과 불안 같은 것을 품고 '방황하는' 이미지를 느낍니다.

참고로 산시로는 미네코로부터 갑자기 "길 잃은 양"이라는 말을 듣게 되는데, 그 말에는 연애에 서투르다는 의미만 있는 것은 아니라고 생각합니다.

당시의 나에게도 '말류 의식'이 있었습니다. 눈앞에는 눈부시게 변화하는 70년대의 변화상이 있었지만, 그 와중에도 뭔가 이상하다는 세계에 대한 의문이 머릿속에서 떠나지 않았습니다. 또한 그 속에서 살아가야만 하는 나에게도 의문을 느꼈습니다. 의미를 알 수 없는 불안에 사로잡혀 그 불안 속에서 의미를 찾으려고 했습니다. 여하튼 그 시절의 나는 그것이 무엇이든 찾아야 한다는 생각에 사로잡혀 있었던 것으로 기억합니다.

나는 대학 시절 막스 베버에 푹 빠졌고 온갖 고생을 하면서 난해한 저작과 격투를 했는데, 막스 베버의 저작 속에서 내 생각과 서로 통하는 것이 있음을 느꼈습니다. 막스 베버 자신이 『그 후』의 다이스케와 처지가 비슷했기 때문에 그렇기도 했겠지만, 그의 책을 읽다 보면 살기 어려운 세계 속에서 인간은 어떻게 살아가야 하는지를 스스로 발버둥 치면서 필사적으로 묻고 있다는 느낌이 전해져 왔습니다. 나는 그의 지에 대한 갈망과 같은 것에 공감했습니다.

막스 베버와 나쓰메 소세키의 청춘 시절의 모습을 살펴보면 마초적인 남자였다기보다는 해답이 없는 물음을 던지고 고민하는 '창백한 고뇌'와 같은 것을 느끼게 됩니다. 그들은 보상을 받을 수 없다는 것을 어렴풋이 알고 있는 청춘을 얼마간 허무와 함께 보내고, 그래도 의미를 묻지 않고는 살 수 없다는 욕구에 시달렸습니다. 좀 추상적이지만 '허공에 걸려 있는 청춘'이라고 말할 수 있을까요? '실존적 공허함'과 같은 것입니다. 당시의 나는 '나뿐만이 아니라 이 사람들도 그렇구나'라고 느끼며 힘이 난 적이 있습니다.

한 점 의혹도 없을 때까지 의미를 묻는다

'해답이 없는 물음을 가지고 고민한다.' 그것은 결국 젊기 때문에 가능하다고 생각합니다. 달관한 어른이라면 그런 일은 애초에 시작도 하지 않습니다.

따라서 나는 청춘이란 한 점 의혹도 없을 때까지 본질의 의미를 묻는 것이라고 생각합니다. 그것이 자기에게 도움이 되든 그렇지 않든, 사회에 이익이 되든 그렇지 않든 '알고 싶다'는 자기의 내면에서 솟아나는 갈망과 같은 것을 솔직하게 따르는 것이라고 생각합니다.

거기에는 좌절과 비극의 씨앗이 뿌려져 있기도 합니다. 미숙하기 때문에 의문을 능숙하게 처리하지 못하고 발이 걸려 넘어지기도 합니다. 위험한 곳에 빠지기도 합니다. 그렇지만 나는 그것이 청춘이라고 생각합니다.

『산시로』 속에 매우 신경이 쓰이는 대목이 있습니다. 그것은 산시로가 열차에 투신자살해 몸이 잘린 젊은 여성의 시체를 보는 장면입니다. 이야기의 흐름과는 관계가 없이 조금은 갑자기 등장하는 것이기 때문에 처음에는 '이 장면은 없어도 좋을 텐데'라고 느꼈습니다. 그러나 나중에 나쓰메 소세키가 "청춘이란 밝은 것만이 아니고 한 꺼풀만 벗기면 죽음과 맞닿아 있는 잔혹한 것이다"라는 것을 말하고 싶었던 것이 아닐까 생각하게 되었습니다.

청춘은 아이에서 어른으로 변화하는 시기이며, 험준한 골짜기 위에 설치된 통나무를 '줄타기'처럼 건너가야 하는 것이 아닐까요? 한 걸음만 잘못 떼어 놓으면 골짜기 아래로 추락하고 마는 위험한 시기입니다. 사람에 따라서는 위험한 것을 신경 쓰지 않고 어렵지 않게 건널 수 있을지도 모르지만, 발아래에 놓여 있는 죽음의 심연을 바라보게 되는 사람도 있을 것입니다.

내 경우는 재일 한국인으로 태어났기 때문에 나에 대해, 또는 나와 사회의 관계에 대해 어쩔 수 없이 고민해야 했지만, 특별히 문제가 없는 사람이라도 의문과 불안이 까닭 없이 용솟음쳐서 어쩔 수 없이 고민해야 하는 시기가 반드시 찾아온다고 생각합니다.

바싹 마른 청춘의 모습

한편 그와 같은 고뇌를 하지 않고 청춘을 보내고 있는 젊은 사람들도 아마 많을 것입니다. '나'라든지 '자아'와 같은 것에 대해 별로 고민하지 않는 사람들 말입니다.

자아의 어둠을 찾다 보면 이유도 모르는 이매망량(온갖 유령과 도깨비)이 나타나기 쉽기 때문에 그것을 피한다는 의미에서 고민 없이 사는 것도 현명한 삶의 방식입니다. 이런 사람들은 얼핏 원숙한 듯이 보입니다. 그러나 진짜로 원숙한 것이 아니라 바닥이 얕은 원숙함, 즉 원숙한 기운만 풍기는 것이지요.

그들의 태도는 온갖 인간관계에서 분명한 태도를 취하고 다른 사람들에게 깊이 들어가지 않고 능숙하게 피해 가는 방법과 통합니다. 친구 관계도 그렇고 연애나 섹스에서도 아마 그렇겠지요.

인간의 자아 속에는 즉물적 지의 측면도 있고 원초적 생각과 감정 같은 것도 있습니다. 그런 것이 모두 모여 형성된 것이 자아입니다. 본래 청춘은 타자와 미칠 듯이 관계성을 추구하려는 것을 의미합니다. 그러나 지금은 그런 공공연한 생생함은 적극적으로 피하려는 사람들이 늘어나고 있습니다.

그것은 좋고 나쁨의 문제가 아니지만, 나는 인간관계에서 나타나는 일종의 발기불능이 아닐까 생각합니다. 앞서 서장에서도 말했지만 바싹 마른 건조한 청춘이 아닐까, 하는 생각이 듭니다.

얼마 전에 한국을 방문해서 서울대학교에 갔을 때에도 그것을 느꼈습니다.

내가 목격한 것은 이른바 엘리트 학생들이 "필요 없는 것을 생각하고 있을 여가가 있으면 스킬을 몸에 익히고, 전문지식을 몸에 익히고, 유용한 정보를 가능한 한 많이 획득해야 한다. 놀고 있을 시간이 없다"는 분위기에서 미국화된 프로그램을 필사적으로 소화하고 있는 모습이었습니다. TOEIC이 900을 넘지 않으면 취직이 힘들다고 말하며 한눈팔지 않고 열심히 공부하고 있었습니다. 덕분에 영어 실력은 매우 좋아졌지만, 나는 왠지 모를 위화감에 사로잡혔습니다.

그들 가운데에는 아직 이십대인데도 "이미 나이가 많아서"라고 말하는 사람도 있었습니다. 그 말을 들으면서 나의 청춘기와 너무나 달라 깜짝 놀랐습니다.

분명 그런 학창 시절을 보내면 일류 기업에 취직할 수 있고 높은 월급을 받는 엘리트가 될지도 모르겠습니다. 그러나 그 대신에 청춘기이기 때문에 마음의 내면에서 솟아나는 열정을 잊어버리는 것은 아닐까요? 그 결과로 정기가 모두 빠져나간 바싹 마른 늙은 몸만 품고 살아야 할지도 모릅니다.

우리 모두의 인생 속에 반드시 존재하는 '청춘'을 알지도 못하고 끝을 내거나 그 소중한 청춘을 매일 한 장씩 떼어서 버리는 것, 그것은 불행이 아닐까요? 그렇게 살다가 10년 후에 자기 삶을 돌아보면 거기에는 삭막함만 남아 있을 것입니다.

청춘은 나이가 아니다

내가 지금도 산시로라는 청년을 계속 사랑하는 것은 미숙하고 서툴지만 순수한 마음으로 무언가를 찾아서 방황하고 있기 때문입니다.

산시로는 대도시의 대학생이 되기는 했지만 학교에서 강의만 듣고 있는 일상에 성이 차지 않음을 느낍니다. 그런 그를 보며 친구인 요지로가 "전차를 타봐"라고 권합니다. 산시로는 요지로를 따라 전차에 올라타고 식당에서 술을 마시거나 극장에서 만담을 듣기도 합니다. 요지로가 그 느낌을 묻자 "고마워, 정말 만족스러워"라고 대답합니다. 물론 만족했을 리는 없지만 일단 그렇게 말할 수밖에 없습니다. 나 또한 대학 시절에 이와 비슷한 경험을 한 적이 있기 때문에 그 기분을 잘 이해할 수 있습니다.

내가 대학에 들어가 교양과목인 자연과학개론의 첫 수업에 출석했을 때 이런 일이 있었습니다. 출석을 부른 다음 교수는 "나는 지금 자네들의 출석을 불렀네. 이제 수업에 나오지 않아도 되네. 1년 동안 집에 틀어박혀서 생각하고 오도록"이라고 말했습니다.

그때의 일을 생각할 때마다 기분이 유쾌해집니다. 인생에 그런 시간이 있어도 좋지 않을까요? 책을 읽어도 좋고, 혼자서 끙끙거리며 고민을 하는 것도 좋고. 이런 시간은 큰 의미가 있다고 생각합니다.

우리는 자기 삶의 의미에 대해 생각하거나, 인간이란 무엇인가에 대해 생각하거나, 타자와의 관계에 대해 진지하게 생각하거나, 자기와 세계의 관계에 대해 생각해 보기도 합니다. 이때 실무적인 문제 해결을 최우선으로 삼아 모든 일을 담백하게 넘기는 사람은 "그런 일을 진지하게 하는 것은 어리석은 짓이야. 시간 낭비지. 그런 것 따위는 의미가 없어"라고 말을 하겠지요. 그러나 그런 식으로 살게 되면 아마도 마지막에는 큰 고독에 시달리게 될 것입니다.

타인과 깊지 않고 무난한 관계를 맺고, 가능한 한 위험을 피하려고 하며, 세상에서 일어나는 일에 별로 휘말리지 않으면서 모든 일에 구애받지 않으려고 행동하는 그런 '요령이 뛰어난' 젊음은 정념과 같은 것은 사전에 잘라낸, 또는 처음부터 탈색되어 있는 청춘이라 할 수 있습니다.

그리고 탈색된 만큼 그 부작용으로 느닷없이 흉포한 것이나 추한 것, 또는 과도하게 에로틱한 것이 거꾸로 표출되는 것을 피할 수가 없습니다. 최근 빈번하게 일어나는 심각한 사건이나 인터넷 가상공간을 바라보면서 자주 그런 것을 느낍니다.

그리고 또 하나 최근 청춘에 관해 느끼는 것이 있습니다. 그것은 '청춘은 나이와 관계가 없지 않을까' 하는 것입니다.

나는 젊을 때부터 고민이 많은 사람이었는데, 중년이 되어서도 그 모습은 변하지 않아서 일이 있을 때마다 걸음을 멈추고 생각에 빠져듭니다.

이런 모습 때문인지 사람들로부터 "젊다"는 말을 자주 듣습니다. 동창회 같은 곳에 가면 동창생들이 반드시 그런 말을 하고, 어머니로부터도 "데츠오(鐵男)는 젊구나"라는 말을 자주 들었습니다. 그것은 아마도 겉으로 보이는 모습 때문이 아니라 청춘의 요소를 아직도 가지고 있기 때문이겠지요. '원숙' 하지 못하기 때문일 것입니다. 그것은 유치함과도 관계가 있지만, 나는 그것도 괜찮다고 스스로 위로합니다.

인간이 '성장한다'는 것은 원숙해지는 것이라고 생각합니다. 그러나 극단적으로 말하면 원숙함에는 두 가지 형태가 있습니다. 딱딱한 표현이지만 '표층적으로 원숙한 것'과 '청춘적으로 원숙한 것'이 그것입니다.

나쓰메 소세키와 막스 베버는 말할 것도 없이 후자입니다. 그들처럼 훌륭한 사람들도 평생 '청춘이 지닌 착오'와 같은 것을 되풀이하며 살았던 것처럼 보입니다. 따라서 그들도 청춘적으로 원숙했다고 말할 수 있겠지요.

나는 청춘 시절부터 '나'에 대한 물음을 계속하며 '결국 해답은 발견할 수 없다'는 사실을 깨달았습니다. 아니 그보다 '해답을 발견할 수는 없지만 내가 갈 수 있는 곳까지 갈 수밖에 없다'라는 해답을 찾았습니다. 그러자 마음이 편안해졌습니다. '뭐가 뭔지는 모르겠지만 갈 수 있는 곳까지 갈 수밖에 없다.' 지금도 여전히 그렇게 생각하고 있습니다.

얼음 위를 지치듯 모든 일의 표면만 지친다면 결국 풍성한 것은 아무것도 얻을 수 없을 것입니다. 청춘은 좌절이 있기 때문에 아름답고 실패가 있기 때문에 좋은 것입니다.

나이를 먹어도 청춘의 향기를 잊고 싶지 않습니다.

    그러나 늦게 온 우리 뮤즈의 이 발명품도
    우리 병든 인종이 젊음에 바치는
    깊은 흠모를 막지 못하리,
    ―성스러운 젊음, 순박한 모습, 다정한 이마
    흐르는 물처럼 맑고 깨끗한 눈동자,
    그 향기, 그 노래, 그 부드러운 열기를
    하늘의 푸름처럼, 새처럼, 꽃처럼 무심코
    모든 것 위에 널리 퍼트려 주는 젊음에!

    ―보들레르의 「저 벌거숭이 시대의 추억을 나는 좋아한다」 중에서

뭐라 말할 수 없는 권태와 끓어오르는 정념으로 찢어지고, 나아가지도 물러나지도 못하는 청춘의 참혹함을 갖고 살았던 때, 홀로 하숙집의 어둠 속에서 몇 번이고 중얼거렸던 시의 한 구절입니다. 지금도 가끔 중얼거릴 때가 있습니다.

5

믿는 사람은 구원받을 수 있을까?

…… 인생이란 자기가 어떻게 해야 하는지를 선택해야만 하는 순간들의 집적이며, 그것을 초월하기 위해서는 무엇인가를 믿고 해답을 발견하는 수밖에 없습니다. 살아 있는 몸을 가지고 있기 때문에 어떻게 해야 좋을지 모르고 쩔쩔매는 일도 있겠지요. 예를 들면 누군가를 사랑할 때 어떤 관계를 선택해야 할지, 상대에 대한 기분을 알 수 없게 되었을 때 어떻게 해야 할지, 아이를 낳아야 하는지 낳지 말아야 하는지, 쓰라린 경험을 하게 될 때 어떻게 극복해야 할지, 불치병에 걸렸을 때 어떻게 죽음과 마주할 것인지……. 본문 103쪽에서

무엇을 믿을 것인가

디지털 시대와 과학 만능 시대가 되면서 비과학적인 것은 모두 밀려난 것처럼 보이지만 한편으로는 여전히 수상쩍은 것들이 상당히 횡행하는 시대이기도 합니다.

전생, 내세, 채널링, 임사 체험, 오컬트……. 세상을 주의해서 보면 신흥종교를 포함해서 '영적인' 것이라고 말하는, 또는 그것과 비슷한 부류의 것이 다양하게 나타나고 있음을 알 수 있습니다. 그저 재미로 흥미를 갖는 사람들도 있겠지만 그

중에는 진지하게 의지하는 사람도 적지 않습니다.

이런 상황을 가치 없는 횡설수설이라고 생각하며 혐오하는 경향도 있습니다. 그러나 나는 그렇게 생각하지 않습니다. '시대의 병리'라는 애매한 언어로 정리하는 것에도 저항감을 느낍니다. 왜냐하면 많은 사람들이 영적인 것에 매료되는 것은—그것에 몸을 의지하는 정도는 별개지만—오늘날 사람들의 '마음'이 상당히 꼼짝하지 못하는 지경에 이르렀기 때문이 아닐까, 하고 생각하기 때문입니다.

옛말에 "믿는 자는 구원을 받는다"는 말이 있습니다. '무엇을 믿을 것인가, 무엇을 믿으면 좋은가'라는 물음은 영원합니다. 그리고 지금을 살아가는 우리가 지닌 마음의 문제의 대부분은 '그 무엇도 믿을 수 없다'는 것에서 나온 것이 아닐까요?

'믿는다'는 행위는 사람에 따라서는 매우 중요한 문제입니다. 그것은 '사물의 의미는 무엇인가'라는 근대적 문제와 밀접한 관계가 있습니다.

종교는 제도다

근대 이전의 세계에는 유럽이나 아시아 모두 '종교'라는 것이 엄연히 존재했고, 사람들은 그 속에서 살아왔습니다. 물론 현대의 우리도 사람이 죽으면 장례를 치르고 추석이나 한식 때 성묘를 갑니다. 그런 종교는 아직도 의연하게 존재하고 있지만 과거의 종교는 이런 것과 전혀 다릅니다.

'종교의 자유'라는 말이 있듯이, 현재의 종교는 개인이 자유롭게 선택할 수 있습니다. 그러나 과거의 종교는 사람들이 살아가는 세계 그 자체였으며, 생활 그 자체, 좀 더 확장하면 사람들의 인생과 일체화된 것이었습니다.

신앙을 의미하는 'religion'의 어원은 라틴어의 'religio'로, 제도화된 종교라는 뉘앙스를 갖고 있습니다. 즉 종교라는 것은 '개인이 믿는 것'이 아니라 '개인이 속해 있는 공동체가 믿는 것'이었습니다.

공동체의 생활 그 자체였기 때문에 종교는 그곳에 살고 있는 사람들에게 의문의 여지가 전혀 없는 설득력을 갖고 있었습니다. 따라서 '나는 무엇을 믿으면 좋을까'라는 물음 자체가 생길 수가 없습니다. 그것은 매우 행복한 상태였다고 말할 수 있습니다.

왜 행복한지에 대해 말하자면, 인생에서 만나게 되는 사건에 대해 하나하나 의문을 느끼거나 스스로 의미를 찾아내야 할 필요가 없기 때문입니다. 예를 들면 나는 왜 태어났을까, 나는 왜 불행할까, 왜 병에 걸렸을까, 왜 사람을 존경해야 하는 것일까, 왜 일을 해야 할까, 죽음이란 무엇일까……. 이런 수많은 질문에 대해 주변에 있는 세계가 이미 해답을 준비해서 알려 주었습니다. 의미를 자동적으로 공급해 주었던 것이지요. 달리 표현하면, 어머니의 자궁 속에서 보호막에 의해 보호를 받고 영양분을 받으며 살아가는 태아와 비슷합니다.

따라서 과거의 사람들은 '내 인생은 도대체 무엇일까'와 같은 허기를 별로 느끼지 못하고 '뭔가 실컷 먹었다'는 정도의 만족감을 느끼며 일생을 끝낼 수가 있었습니다.

지금의 우리는 "당시 사람들은 미신 속에 살고 있었다"고 말하고, 때때로 "개인의 자유가 속박되는 것은 불행"이라고 말하기도 합니다. 그러나 그것은 근대 이후에 밝혀진 사실로, 당시 사람들은 결코 불행하지 않았을 것입니다.

사람은 자유로부터 도망치고 싶어한다

이것을 거꾸로 말하면 근대 이전에는 '사람이 무엇을 믿어야 하고 사물의 의미를 어떻게 찾아야 하는가'라는 문제는 '신앙'에 의해 숨겨져 있었다고 말할 수 있습니다. 그리고 신앙에 의한 은폐가 사라지고 '개인'에게 모든 판단이 맡겨진 근대 이후 해결하기 힘든 고민이 시작되었다고도 말할 수 있습니다.

막스 베버가 뛰어든 '종교사회학'은 기독교뿐만 아니라 힌두교나 불교 등 세계종교를 사회학적으로 해명하고, 신앙에 의해 은폐된 것들이 하나씩 벗겨지며 드러나는 과정을 추적해서 연구한 것입니다.

종교를 제외하고 자기가 하고 있는 일, 하려고 하는 일의 의미를 스스로 생각해 보세요. 이것은 매우 힘든 요구입니다. 무언가를 선택하려고 할 때마다 자아와 마주쳐야 하고, 그때마다 자기의 무지와 어리석음, 추함, 교활함, 연약함 등을 발견하게 됩니다. 그 점에서는 역설적일지도 모르지만 "현대인은 마음을 잃었다"라는 말이 틀렸고 오히려 전근대에 살았던 사람들이 마음을 잃고 살았다고 할 수 있겠지요.

이것은 사람들에게 매우 큰 부담이기 때문에 견디지 못하는 사람도 생깁니다. 그래서 마음의 의지를 위해서도 종교가 필요해지게 됩니다.

19세기 말 뮌헨을 중심으로 한 남부 독일에서는 명상, 채널링, 임사 체험, 죽은 자와의 대화, 텔레파시 등 다양한 신비체험을 하는 것이 유행했습니다. 사실은 현재의 영적인 것의 원형은 그때 출현한 것들입니다. 그것은 수상쩍은 유행이었던 것이 아닙니다. 그 배경에는 '모두가 불안해서 의지할 수 있는 무엇인가를 찾고 있다'는 당당한 이유가 있었던 것입니다.

그런데 여기에서 불행이 앞을 가로막아 섭니다. 하나는 세계가 과학과 합리주의의 세례를 받고 '탈마술화' 된 후였기 때문에 근대 이전의 '종교'와 비교할 때 그 어떤 종교도 '유사 종교'가 될 수밖에 없었다는 점입니다. 다른 하나는 이전처럼 평화롭게 믿을 수가 없다는 점입니다. 근대인은 막스 베버가 말했듯이, "인식의 나무 열매를 이미 먹은" 뒤였기 때문입니다.

그렇다면 어떻게 하면 좋을까요? '어떻게 되겠지'라는 마음으로 눈을 질끈 감고 뛰어들든지 어렴풋이 속임수라는 것을 알면서 믿든지, 여기에서 다시 사람들의 마음이 갈라집니다.

신앙이 살아 있었던 시대가 훨씬 행복했다고 앞에서 말한 것은 바로 이 점 때문입니다. '무엇을 하든, 무엇을 믿든 자유'라는 말은 사실 괴로운 말입니다. 넓은 들판에 혼자 남겨지면 사람은 어디로 가야 할지 모르게 됩니다. 미아가 될지도 모른다는 불안감이 덮쳐오겠지요. '무엇을 하든, 무엇을 믿든 자유'라는 말은 그런 상황과 마찬가지라고 생각합니다.

에리히 프롬(Erich Fromm, 1900~1980)은 『자유로부터의 도피』에서 1920년대 이후 독일이 개인주의로부터 급속도로 극단적 파시즘(전체주의)으로 이행한 것을 '자유'라는 관념으로 설명합니다. 일반적으로 사람은 자유를 동경한다고 생각하지만 의외로 그렇지 않습니다. 자유로부터 도망쳐 '절대적인 것'에 속하고 싶어하기도 합니다.

모두가 교주가 되는 일인 종교의 세상

막스 베버나 나쓰메 소세키가 살았던 시대에 나타난 '개인'의 문제는 그 후 점점 커졌고, 지금은 거의 극에 이른 것처럼 보입니다. 매스미디어도 '개인'을 키워드로 삼아 '개인의 시대', '개인의 자유', '개인 정보' 등 온통 개인에 대해 말하고 있습니다.

그에 따라 사람들의 마음도 상당 부분 위험한 지경에 이르렀다고 보아야 합니다. 낱낱이 분리된 각 개인이 정보의 홍수와 거대화한 매스미디어에 노출되어 무엇을 믿으면 좋을지 알 수 없어서 아무것도 믿을 것이 없다는 무력한 기분을 느끼고 있는 것은 아닌지요?

그렇기 때문에 그 허무함을 무의식적으로라도 충족시키기 위해 유사 종교인 영적인 것에 매력을 느끼고 있는 듯이 보입니다. 지적 정보나 현실적인 노하우도 이제 넌더리가 나고 '모르는 것은 이제 없어'라는 기분을 가지고 있기 때문에 그와 매우 이질적인 '수수께끼'의 세계로 도망치고 싶은 것이지요.

그러나 우리는 그곳으로 우르르 도망을 치거나 의지해야 할 정도로 순진하지도 않습니다. 그렇기 때문에 워크맨이나 MP3처럼 자기 상황에 따라 탈부착이 가능한 '프티 종교'를 이용하는 상황이라고 말해도 좋겠지요.

사람들이 그것을 통해 어떤 해답이나 만족감을 얻을 수 있다면 나는 그것으로 좋다고 생각합니다. 나 또한 영적인 것이나 종교를 모두 부정하고 싶은 마음은 없습니다.

요컨대 '그것이 그 사람에게 믿음을 주기에 충분한 것인가' 하는 것이 중요합니다. 그리고 다시 출발점으로 돌아가지만, 그것을 믿을 수 있는지 믿을 수 없는지를 결정하는 것도 개인의 자유입니다.

따라서 궁극적으로 '믿는다'는 것은 '그 어떤 것을 믿는다'가 아니라 '자기를 믿는다'는 것을 의미합니다.

다른 말로 하면 '일인 종교', '자기가 교주'인 것입니다.

확신할 수 있을 때까지 고민할 수밖에 없다

인생이란 자기가 어떻게 해야 하는지를 선택해야만 하는 순간들의 집적이며, 그것을 초월하기 위해서는 무엇인가를 믿고 해답을 발견하는 수밖에 없습니다. 살아 있는 몸을 가지고 있기 때문에 어떻게 해야 좋을지 모르고 쩔쩔매는 일도 있겠지요. 예를 들면 누군가를 사랑할 때 어떤 관계를 선택해야 할지, 상대에 대한 기분을 알 수 없게 되었을 때 어떻게 해야 할지, 아이를 낳아야 하는지 낳지 말아야 하는지, 쓰라린 경험을 하게 될 때 어떻게 극복해야 할지, 불치병에 걸렸을 때 어떻게 죽음과 마주할 것인지…….

의식하든 그렇지 않든 사람은 믿고 있는 것에서 사물의 의미를 얻습니다. 의미를 얻지 못하면 사람은 살 수가 없습니다.

그것을 위한 방법이 몇 가지 있습니다. 유사 종교에 의지해서 살아가는 것도 하나의 방법이 되겠지요. 시대의 흐름에 따라, 상황에 따라, 무언가에 몸을 맡기고 위기에서 벗어나는 방법도 있습니다. 중요한 것은 거기에서 주어지는 해답에 납득하고 살아갈 수 있다면 그대로도 좋다는 것입니다. 또는 처음부터 아무것도 생각하지 않고 얼음 위를 미끄러져 가듯 타협할 수 있다면 그것도 하나의 방법이 될 수 있겠지요.

그러나 주어진 해답에 납득할 수 없다면 그 어떤 것에도 의지하지 못하고 막스 베버나 나쓰메 소세키가 그러했듯이 자기 지성만을 믿으면서 자기와 끝없이 싸우며 살아갈 수밖에 없습니다. 이것은 매우 힘든 방법입니다. 극단적으로 말하면 머리 위에 칼날이 드리워져 있어서 언제 머리 위로 떨어질지 모르는 상태가 계속되는 것에 비유할 수 있습니다. 그래서 미쳐 버릴지도 모릅니다.

그러나 내가 그들에게 존경의 마음을 가지고 있는 것은 바로 그 부분 때문입니다. 그들은 '자아'와 '무엇을 믿을까'라는 근대 이후의 어려운 문제에 혼자 힘으로 맞섰습니다.

막스 베버는 자기를 가리켜 '종교적인 음치'라고 자조하듯이 말한 적이 있습니다. 그러나 그는 신이 없는 시대에 믿음을 지닌 신자처럼 자기 지성을 믿고 절대로 흔들리지 않았습니다.

나쓰메 소세키 또한 그렇습니다. 예를 들면 『행인』이 그러한데, 주인공인 이치로는 과도한 자의식 때문에 아내를 믿지 못하고, 가족이나 친구들에게도 마음을 터놓지 못하고 산전수전을 다 겪습니다. 그렇지만 그 어떤 것에도 그 괴로움을 기대지 못하고 고민만 깊어 갑니다. 그 모습은 나쓰메 소세키를 떠올리게 합니다.

또한 『문』은 "부처의 가르침을 믿고 구원을 받고 싶다"고 갈망하며 종교에 귀의했지만 결국 믿음을 얻지 못하고 속세로 돌아오는 지식인의 이야기입니다. 주인공인 소스케가 가마쿠라의 암자를 떠나는 장면에서는 슬픔의 여운 같은 것이 느껴집니다.

"그는 평생 자기 분별을 의지하며 살아왔다. 지금 그는 스스로 존중했던 그 분별이 유감스러웠다. 처음부터 취사선택도 유추도 허용하지 않는 어리석은 외골수가 부러웠다. 또한 신념이 굳은 선남선녀들이 지혜도 잊고 유추도 하지 않으며 정진하는 것을 숭고하게 바라보았다. 그는 오랫동안 문밖에서 서성이는 운명을 타고난 느낌이었다. …… 그는 문을 지나갈 수 없었다. 그러나 그 문을 지나가야 하는 사람이기도 했다. 그러니까 그는 문 앞에 우두커니 서서 해가 지기를 기다려야만 하는 불행한 사람이었다."

막스 베버와 나쓰메 소세키는 정신이상을 겪기도 했지만 그것은 충분히 이해할 수 있습니다. 그들의 저작을 보고 있노라면 글자 하나하나를 피로 쓴 듯한 고행의 흔적이 느껴집니다. 매우 심원한 것인데 그것을 포기하지 않은 그들의 진지함과 정신력에 감탄할 따름입니다.

그리고 이렇게 말하는 나 또한 나를 믿을 수밖에 없는 '일인 종교'처럼 내 지성을 믿는 수밖에 없다고 생각합니다.

나는 스스로 이것이라고 확신할 수 있는 것을 얻을 때까지 계속해서 고민을 하거나 그것 외에 다른 방법이 없다고 생각할 때 그것을 믿습니다. 그것을 가리켜 '불가지론'이라고 말하는 사람도 있겠지요. 그러나 도중에 그만두면 그것이야말로 아무것도 믿을 수 없게 되는 것은 아닐까, 하고 생각하기도 합니다.

'믿는 사람은 구원을 받는다'는 말은 궁극적으로는 그런 의미가 아닐까요? 무엇인가 초월적 존재에 의지하는 타력본원(他力本願)을 가리키는 것이 아니라고 생각합니다.

6

무엇을 위해 일을 하는가?

…… 그래서 나는 '사람은 왜 일을 해야 하는가'라는 물음에 대한 대답으로 '타자로부터의 배려' 그리고 '타자에 대한 배려'라고 말하겠습니다. 그것이 없다면 일하는 의미가 있을 수 없습니다. 그 일이 그 사람에게 보람이 있는지 없는지, 그의 꿈을 실현시켜 줄지 그렇지 않을지는 다음 단계의 이야기입니다. 그리고 한마디를 덧붙이면, 이 배려라는 '인정의 눈길'은 가족이 아니라 사회적 타자로부터 받아야 할 필요가 있다고 생각합니다. **본문 118쪽에서**

무엇을
위해 일을 하는가?

돈이 있으면 일을 하지 않을까?

"먹고살기 위해 일을 한다"는 말이 있습니다. 사람이 생존하기 위해서는 역시 돈이 들고 돈을 얻기 위해서는 일을 해야만 합니다. 오늘날에는 '일하는 보람'이나 '꿈의 실현' 등이 일의 중요한 요소로 작용하기 때문에, 일이 있고 그것이 자기가 하고 싶어하는 것과 일치한다면 더 이상 말할 필요가 없습니다.

그렇지만 현실은 원하는 대로 이루어지는 것도 아니고, 눈 앞에 있는 것은 자신이 원하는 것과는 거리가 멀지만 회사를 옮기는 것도 힘들기 때문에 겨우겨우 회사를 다니고 있는 사람들도 적지 않을 것입니다. 아이가 있는 사람들은 더욱더 자기가 원하는 것을 하지 못하고 하루하루가 인내의 연속일지도 모릅니다. 때로는 '돈이라도 있으면 하고 싶은 것을 할 수 있을 텐데', '누가 나를 부양해 주지 않을까'라는 생각을 해보기도 하겠지요.

가끔 "로또에 30억 정도 당첨되면 일을 그만두고 놀면서 살 거야"라는 말을 들을 때가 있습니다. 분명 돈이 있으면 일을 하지 않아도 되겠다는 생각이 들기는 합니다. 그러나 이쯤에서 이런 생각이 듭니다. '만약 돈이 있다면 사람들은 정말로 일을 그만둘 수 있을까?' 과연 그럴까요?

이런 이야기를 들은 적이 있습니다. 상당한 자산을 가진 사람의 아들이 있었는데 갑자기 아버지가 돌아가셨기 때문에 평생 먹고사는 데 지장이 없을 정도의 유산이 생겼습니다. 덕분에 그 사람은 거의 마흔 살이 될 때까지 일이 아닌 학문 연구를 하며 살았습니다. 누구나 부러워할 만한 사람입니다. 그런데 그 사람은 콤플렉스 덩어리였다고 합니다.

그 콤플렉스의 정체는 '스스로 제구실을 못한다'는 생각입니다. 재산이 있고 없음을 떠나서 '일하지 않는다'는 것은 상상 이상으로 사람의 마음에 중압감을 안겨 줍니다.

이것은 어떤 의미에서는 아이를 가진 전업주부가 '누구의 부인', '누구의 엄마'라고 불리는 것을 싫어하는 것과도 비슷합니다. 물론 전업주부는 가정에서 일을 하고 있으니 놀고 있는 것은 아니지만 밖에서 일을 하는 사람들과 달리 자기 이름으로 불리지 않기 때문에 역시 '제구실을 못한다'는 기분이 드는 것이겠지요.

'사람은 왜 일을 할까'라는 문제는 얼핏 간단해 보이지만 매우 심원한 물음입니다.

신성한 노동이라는 환상

잠깐 이야기를 돌려서, 이와 반대로 "먹고살 수 있기 때문에 일할 필요가 없다"고 말하는 사람의 예를 통해 이야기를 풀어 봅시다. 나쓰메 소세키의 『그 후』에 나오는 다이스케가 바로 그런 사람입니다.

주인공인 다이스케는 부르주아 사업가의 아들로 최고의 교육을 받았으며 우수한 두뇌를 가지고 있음에도 불구하고 서른 살이 다 되도록 부모에게 기생하며 살고 있습니다. 다이스케의 아버지는 "일을 해야 제구실을 할 수 있으니 무슨 일이든 일을 해라"라고 말을 하지만 다이스케는 들은 척도 하지 않습니다. 왜냐하면 그의 생각은 "생활을 위한 노동"은 천한 것이기 때문에 일을 해야 한다면 "생활 이상의 무엇"을 위한 것이 되어야 가치가 있다는 것입니다. "신성한 노동은 모두 빵에서 벗어나 있다"는 것이 그의 주장입니다.

그렇다면 열심히 노력해서 예술가나 그 무엇이 되어 빵에서 벗어난 일을 해도 좋겠지만 자기가 일을 하지 않아도 집안이 어려워지지 않는다는 것을 알고 있기 때문에 능숙하게 기생 생활을 즐깁니다.

그는 외국 책을 읽고 고상한 사색에 골몰하거나 양품점에서 비싼 향수를 사고 백합꽃으로 장식해서 향기를 즐기는 나르시스적인 생활을 보냅니다. 머리를 숙이고 조신하게 생활하지 않고 오히려 사치를 즐깁니다. 사치품을 사서 자기가 '일하지 않아도 좋은 계급'임을 무의식적으로 과시하는 것이지요. 그것은 바로 경제학자 소스타인 베블런(Thorstein Veblen, 1857~1929)이 『유한계급론』에서 말한 '현시적 낭비'라는 것입니다.

그런데 다이스케는 친구의 아내인 미치요를 사랑하게 되면서 아버지의 역린(逆鱗)을 건드리고 말았고, 결국 집에서 쫓겨나고 맙니다. 다이스케는 여유 있는 상류층 백수의 생활을 더 이상 하지 못하게 되었고, 미치요를 부양하기 위해 천하게 생각해 온 '생활을 위한 노동'을 하기 위해 분주하게 뛰어다니는 모습에서 이야기가 끝이 납니다.

이 소설은 삼각관계의 비극, 또는 순수한 연애의 비극 등으로 설명되는 경우가 많지만 내 생각은 다릅니다. 이 소설을 나는 이렇게 읽었습니다. '꿈의 세계를 떠다니던 청년이 이 세계의 중력과 같은 것에 이끌려 지상으로 떨어진 이야기'라고 말입니다. 환상에서 현실로 떨어졌기 때문에 다이스케는 마지막에 열심히 머리를 굴립니다. 나는 그 '굴리는' 느낌이 무척 우화적이라고 생각합니다.

나쓰메 소세키의 복수극, 『그 후』
이 역시 독단적인 말이지만, 『그 후』는 나쓰메 소세키가 깊은 의도를 갖고 집필한 일종의 '복수극'이 아닐까 생각합니다.

소설 속에서 다이스케는 '닐 아드미라리(nil admirari, 방관적·허무적)'라는 평가를 받습니다. '자칭' 일등국의 급조된 자본주의 속에서 속물이 발호하는 모습을 부정적으로 바라보고 있습니다. 그런 세상에서 땀을 뻘뻘 흘리며 일을 하는 것은 바보짓이라고 생각합니다. 이는 일반적 생각이기도 하고, 실제로 나쓰메 소세키가 다이스케의 입을 빌려 말하고 있는 것이기도 합니다. 그러나 나쓰메 소세키의 속마음은 그 누구도 이 어리석은 세상에서 벗어나 살 수 없다는 것을 말하고 싶었던 것입니다.

『그 후』라는 제목과는 달리 다이스케와 미치요가 그 후 어떻게 되었는지는 나오지 않지만, 아마도 경제적 곤란에 시달리는 현실적인 생활자가 되었겠지요. 또한 간단하게 '신성'한 일자리를 찾지도 못했을 것이고, 작아도 좋으니 일자리만 찾을 수 있다면 감지덕지했을 것입니다. 즉 인간은 이상이나 환상을 그리며 원하고, 환상은 무한히 아름답게 펼쳐지지만 그것만으로는 살 수 없고 왜소한 현실 속에서 살아야 한다는 뜻입니다.

이렇게 말하면 마치 타협의 산물처럼 느껴지지만 그것이 '어른이 된다'는 말의 뜻입니다. 이전까지의 다이스케는 아무리 교양이 높고 아무리 상대를 현혹시킬 수 있는 현명함을 지니고 있다고 해도 아이였습니다. 따라서 다이스케의 아버지가 "일을 해야 제구실을 하게 된다"고 말한 것은 ─ 이 경우 상당히 속물적인 잔소리겠지만 ─ 진실입니다.

나는 나쓰메 소세키가 『그 후』의 다이스케와 비슷한 경험, 또는 비슷한 생각을 한 적이 있었고 『그 후』는 그것을 모델로 삼아 쓴 소설이 아닐까 하는 생각을 해본 적이 있습니다. 나쓰메 소세키도 매우 지적인 사람이었고 세상의 위선과 허식을 싫어했습니다. 본래 영문학자였기 때문에 원래는 속물적인 세상을 멀리하며 학문의 세계에서 놀고 싶어했던 것은 아닐까요? 그러나 '아무리 하기 싫어도 그렇게 할 수밖에 없어'라는 마음으로 교사가 되었던 것일지도 모릅니다.

만약 그렇다고 한다면 자기에게 내려진 복수를 모델로 썼다고 말할 수 있지 않을까요?

영혼이 없는 전문가

소설 속에 등장하는 '신성한 노동'이라는 말에 대해 조금 더 보충해 보려고 합니다.

요즘 사람들은 그런 것이 존재하느냐고 물을지도 모르겠지만, '신성한 노동'이라는 생각은 자본주의가 탄생한 이후 자본주의를 내부에서 움직이게 하는 에토스와 같은 것이었습니다. 사적 소유권도 그것이 노동의 성과라면 신성하기 때문에 침범해서는 안 되는 권리로 정당화되었고, '어떤 일을 하든지 노동은 귀하다'는 생각과 연계되었습니다. 그러나 이미 19세기 말 나쓰메 소세키가 살았던 시대부터 그것은 '거짓말'에 불과했다는 것이 밝혀졌습니다.

2장에서도 다루었지만 자본주의 초기의 이상은 19세기 말에 이르러 완전히 붕괴되어 아귀처럼 이익의 추구에 매달리게 되었고, 다이스케의 아버지처럼 갑자기 벼락부자가 된 사람들이 많이 등장합니다. 합리성과 효율성이 요구되면서 직업은 급속도로 전문화·세분화되기에 이르렀고 사람들은 감정 없이 일만 하는 기계로 변하기 시작합니다.

나쓰메 소세키는 「도락과 직업」이라는 제목의 강연에서 "개화가 진행될수록, 또한 직업의 성질이 분화될수록 우리는 단편적인 인간이 되고 마는 묘한 현상이 일어납니다"라고 말했습니다. 막스 베버가 『프로테스탄트 윤리와 자본주의 정신』

에서 "영혼이 없는 전문가, 마음이 없는 향락인"이라고 말한 것과 비슷합니다.

분명 이렇게 일을 하는 것은 인간의 전체 인격 가운데 극히 일부분만을 사용하는 것이고, 그 때문에 다이스케는 '평범하게 일하는 사람'인 친구 히라오카를 경멸하고 인간성을 놓고 볼 때 자기가 더 뛰어나다고 생각했던 것이지요. 물론 그렇다고 '일을 하지 않아도 된다'는 논리는 통하지 않습니다. 사고방식이 그렇다는 것입니다.

그렇다면 왜 인간을 '일하는 인간'으로 육성하는 것일까에 대해 생각하다 보면 '교육'과 만나게 됩니다.

예를 들면 전근대 서양에서는 '도제제도'라는 것이 있어서 읽기와 쓰기 등 필요한 지식을 가르치면서 '일하는 인간'을 키워 미래를 대비하는 시스템이 기능했습니다. 그리고 근대 이후에는 '국가에 의한 교육제도'가 이를 대신하게 됩니다.

따라서 교육제도의 목적은 '앞으로 국가를 위해 유익한 일을 하는 사람을 만드는' 것이었지요. 그렇기 때문에 다이스케는 "최고 교육기관을 졸업하고도 빈둥거리며 놀고 있는 것은 이상해"라는 말을 듣게 되는 것입니다. 그러나 반대로 보면 교육제도 쪽에 어떤 본질적인 문제가 있어서 일하는 인간을 만들어 낼 수 없게 된 것은 아닐까 하고 생각해 볼 수도 있습니다.

이 문제는 그 후 백 년 동안 계속 진행되어 왔습니다. 이렇게 보면 요즘 세상에는 다이스케의 자손이 많이 살고 있는 것이 아닌가 하는 생각이 듭니다.

타자로부터의 배려

나쓰메 소세키는 '일하는' 것은 인격 가운데 일부분만 사용하는 것임을 인정하면서도 '인간은 일을 해야 한다'고 생각했습니다. '신성한 노동'에 대해 전혀 고려하지 않는 현대의 우리 또한 "일을 해야 제구실을 한다"고 말합니다. 그리고 일부를 제외하고는 '먹고살 수 있는 재산이 있든 없든 일을 해야 한다'고 생각합니다.

그렇다면 왜 우리는 그렇게 생각하고 있는 것일까요? 처음의 질문으로 돌아가서 '일을 한다는' 것의 의미가 무엇인지에 대해 생각해 봅시다.

얼마 전에 '워킹 푸어(working poor, 근로빈곤층)'에 관한 NHK의 텔레비전 프로그램을 본 적이 있습니다. 나는 삼십대 중반의 남성 노숙자의 이야기에서 많은 것을 배웠습니다. 그 남자는 공원에서 잠을 자면서 쓰레기통을 뒤져 주간지 등을 주워서 팔아 생계를 유지하고 있었는데, 운 좋게 시청에서 한 달에 며칠 동안 도로 청소를 하는 일을 얻게 되었습니다. 그 프로그램에서는 그의 뒤를 따라가면서 이런저런 이야기를 하고 있었는데 마지막에 눈시울을 닦으며 우는 장면이 나왔습니다.

그는 1년 전이라면 무슨 일이 있어도 울지 않았을 것이라고 말했습니다. 그런데 그는 시청에서 준 일을 하던 도중에 그곳을 지나가던 사람에게 무슨 말인가를 들었습니다. 무슨 말인지는 모르지만 아마도 "수고하십니다"와 비슷한 말이었을 것입니다. "지난번에는 태어나지 않았다면 좋았겠다고 말하지 않았습니까?"라는 취재진의 물음에 "지금도 그렇게 생각해요"라고 대답한 그는 "다시 사회에 복귀하면 '태어나서 좋았다'고 생각이 바뀌지 않을까요"라고 말하며 말끝을 흐렸습니다. 그리고 "예전 같으면 울지 않았을 텐데, 이제는 보통 사람처럼 감정이 돌아온 건지도 몰라요"라고 말했습니다.

이것은 매우 상징적인 장면입니다. 사람이 '일을 한다'는 행위의 가장 밑바닥에 있는 것이 무엇인지를 알려 줍니다.

그것은 '사회 속에서 자기 존재를 인정받는다'는 것입니다. 동일하게 그 자리에 있었다고 해도 그 사람이 노숙자이고 어쩌다 지나갔을 뿐이라면 말을 걸어 주는 사람이 없었겠지요. 열심히 일하고 있었기 때문에 위로의 말을 듣게 된 것이겠지요. 사람에게 가장 고통스러운 것은 '나는 버림을 받았어', '아무도 나를 고용해 주지 않아'라는 생각이 아닐까요? 아무도 고용해 주지 않으면 사회 속에서 존재할 수 없는 사람이 되고 맙니다.

사회라고 하는 것은 기본적으로 보이지 않는 사람들끼리

모여 있는 집합체이며, 그렇기 때문에 그곳에서 살아가기 위해서는 타자로부터 어떤 형태로든 동료로 인정을 받아야 할 필요가 있습니다. 그것을 위한 수단이 일을 하는 것입니다. 일을 통해서 비로소 '거기에 있어도 좋아'라는 인정을 얻게 됩니다.

흔히 직장을 얻거나 일을 시작하게 되면 '사회에 나온다'고 말하고, 일하고 있는 사람을 '사회인'이라고 부릅니다. 앞에서 말한 것이 바로 그 의미입니다. 다른 말로 하면 '제구실을 한다'는 의미가 되겠지요.

사회 속에서 형성되는 사람들의 관계는 깊은 친구 관계나 연인 관계, 가족 관계 등과 다른 면이 있습니다. 물론 사회 속의 관계도 '상호 인정'의 관계이지만 이 경우 나는 '배려(위로의 눈길을 향하는 것)'라는 표현이 가장 잘 어울린다고 생각합니다. 청소를 하고 있던 그가 들은 말은 배려가 아니었을까요?

그래서 나는 '사람은 왜 일을 해야 하는가'라는 물음에 대한 대답으로 '타자로부터의 배려' 그리고 '타자에 대한 배려'라고 말하겠습니다. 그것이 없다면 일하는 의미가 있을 수 없습니다. 그 일이 그 사람에게 보람이 있는지 없는지, 그의 꿈을 실현시켜 줄지 그렇지 않을지는 다음 단계의 이야기입니다.

그리고 한마디를 덧붙이면, 이 배려라는 '인정의 눈길'은 가족이 아니라 사회적 타자로부터 받아야 할 필요가 있다고 생각합니다.

여기서 다시 『그 후』의 다이스케를 생각해 봅시다. 이전의 다이스케는 완전히 '자기 세계' 속에서 살았습니다. 즉 자기 완결이라는 원 안에서 살았다는 말입니다. 그런데 미치요를 사랑하게 되면서 갑자기 원이 깨지고 말았습니다. 그리고 현실 세계 속의 새로운 원과 연결하려고 할 때 아버지와 형이라는 가족으로부터 인연이 끊어집니다. 이것은 우리에게 매우 익숙한 구조입니다.

이런 의미에서 앞에서도 말했지만 『그 후』라는 소설은 깊은 의도를 가지고 쓴 소설입니다.

점점 더 혹독해지는 직업의 세계

마지막으로 일한다는 것이 지닌 의미의 '다음 단계'에 대해 잠시 생각해 보려고 합니다.

하루하루 열심히 일을 하던 직장에서 갑작스레 떠나게 된 사람들이 많습니다. 그 사람들은 아마 최선을 다해 일을 했는데도 끝까지 견디지 못하고 탈락했을 것이지만, 그런 사람들 중에는 기계적인 일에 종사하는 사람들보다 서비스업에 종사하던 사람들이 더 많은 듯합니다.

과거에는 2차 산업인 제조업이 직업의 주류였지만 지금은 서비스업이 주류가 되었습니다. 서비스업을 좀 어렵게 표현하면 '사회관계의 재생산'과 관계가 있는 노동이라고 표현할 수 있습니다. 간단하게 말하면 인간관계를 주로 하는 '커뮤니케이션 웍스(communication works)'입니다. '육체노동'과 비교해서 '정신노동'이라고 부르기도 합니다. 오늘날 복지나 의료, 판매, 영업 등과 같은 전통적 서비스업뿐만 아니라 많은 일이 서비스업으로 변화하고 있습니다. 이것은 21세기의 직업이 지닌 특징이라고 생각합니다.

흔히 '사람 장사'라고 표현하기도 하는데, 사람들 사이의 커뮤니케이션에는 형태가 없고 게다가 (그때그때의) 상황에 따라 이루어지기 때문에 매우 혹독합니다. 단순노동과 달리 매뉴얼을 만들기도 힘들기 때문에 각각 노력과 고민에 힘을 쏟아야 하고 육체와 정신 모두 집중해야 하기 때문에 심신이 모두 지치게 됩니다.

예를 들면 미용사나 이발사가 일을 하기 위해서는 머리를 깎는 기술만 가지고는 안 됩니다. 상대의 나이와 직업, 처지를 헤아려 어떤 스타일이 어울릴지 생각하는 능력, 머리를 만지는 동안 상대의 마음을 편하게 해주는 대화의 능력 등 여러 가지 능력이 필요합니다. 그런 능력들이 종합될 때 비로소 그 사람을 찾는 사람이 많아지고 단골이 만들어집니다. 손님들 가운데에는 머리를 다듬는 동안 이야기하는 것이 즐겁다는 이유로 단골이 된 사람도 있겠지요. 그렇다면 머리를 깎는 기술보다 커뮤니케이션 능력이 더 중요해집니다. 이렇듯 일하는 모습이 점점 더 다양화되고 지금까지 사용할 필요가 없었던 능력까지 모두 발휘해야 합니다.

사실 대학교수를 하고 있는 나 또한 내 직업이 서비스업임을 실감하고 있습니다. 그저 강의실에 가서 수업만 열심히 하면 된다는 생각은 오산입니다. 끊임없이 진로 상담이나 인생 상담을 해야 하고, 심각한 상담을 해오면 그 자리에서 끝내지 않고 그 사람에 대해 계속 신경을 써야 합니다. 어느 순간에 선을 긋지 않으면 수많은 사람들의 인생을 짊어져야 하는 상황에 놓입니다.

서비스업의 가장 큰 특징은 '어디까지'라는 제한이 없다는 점입니다. 경우에 따라서는 끝이 없는 일에 마음을 써야 하고 때로는 너무 지나쳐 자살에 이르는 사람까지 있습니다. 아베 마사히로(阿部眞大) 씨가 쓴 『착취당하는 젊은이들(搾取される若者たち)』에는 '자기실현'에 지나치게 몰입한 나머지 자기 스스로 노르마(norma, 노동 기준량)를 과하게 부과해서 파멸한 오토바이 배달부 이야기가 나옵니다.

아마 거기에는 '평가'의 문제도 걸려 있겠지요. 형태가 없는 서비스이기 때문에 좋은지 나쁜지, 좋은 경우는 어떤 것이 좋은지, 나쁜 경우에는 어떤 것이 나쁜지를 판단하기가 힘듭니다. 열심히 노력해도 정당한 평가를 받지 못하면 사람은 무기력해지고 맙니다.

자기 존재를 확인받기 위하여

그러나 나는 그렇기 때문에 가능성도 크다고 생각합니다.

사람 사이의 커뮤니케이션 방법은 무한하기 때문에 거기서 얻을 수 있는 것도 무한합니다. 인간과 인간의 교류 속에는 다양한 '우발성'이 존재하기 때문입니다. 그것은 일반적인 기계적 노동보다 훨씬 중압감이 크고, 사람에 따라서는 견디기 힘든 것일 수도 있습니다. 그러나 반대로 인간으로서 무언가를 자각하고 큰 것을 얻을 수 있는 기회도 증가할 것으로 생각합니다.

그 가능성은 백 년 전보다 훨씬 커지지 않았을까요? 막스 베버가 말한 것처럼 전문화 · 세분화가 진행된 사회에서 직업을 가진 사람은 단면적인 사람이 되기 쉽지만 현대의 서비스업은 반대로 전인격성(全人格性)을 되찾을 가능성을 가지고 있다고 말할 수 있지 않을까요?

나 또한 서비스업에 종사하는 사람으로서 날마다 많은 사람들과 커뮤니케이션을 합니다. 그 과정에서 피곤함을 느끼기도 하지만 많은 것을 얻기도 합니다. 그리고 그때 얻는 것은 일하는 것의 첫 번째 의미인 '타자로부터의 배려'의 일종이 아닐까요?

나 스스로 '나는 왜 일을 하고 있는가'라고 물어볼 때가 있습니다. 이리저리 생각을 해보면 결국 '타자로부터의 배려를 원하기 때문에'라는 대답이 돌아옵니다. 지위나 명예는 필요 없다고 말하면 거짓이 될 터이고 돈도 필요하겠지만, 가장 큰 것은 타자로부터의 배려입니다. 그것을 통해 사회 속에 있는 자기를 재확인할 수 있고, 나는 이렇게 살아도 된다는 안도감을 얻을 수 있습니다. 그리고 그것은 자신감과도 관계가 있는 듯이 보입니다.

인간이라는 것은 '자기가 자기로 살아가기 위해' 일을 합니다. '자기가 사회 속에서 살아가고 있어서 좋다'는 실감을 얻기 위해서는 역시 일을 할 수밖에 없습니다.

7

변하지 않는 사랑이 있을까?

…… 돌이켜 생각해 보면 사랑은 그때그때 상대의 물음에 응답하려는 의지입니다. 사랑의 모습은 변합니다. 행복해지는 것이 사랑의 목적이 아닙니다. 사랑이 식을 것을 처음부터 겁낼 필요는 없습니다. 본문 140쪽에서

변하지 않는
사랑이 있을까?

순수한 사랑의 유행

'사랑이란 무엇인가' 라는 물음은 아주 오래되었지만 늘 새로운 주제입니다. 이 주제를 다루지 않은 시대는 없습니다. 지금도 주위를 둘러보면 책이나 잡지, 텔레비전, 영화 등에서 다양한 방법으로 사랑을 다루고 있어서 마치 연애 전성시대에 살고 있는 느낌이 들 정도입니다.

그러나 잘 들여다보면 요즘 이야기하고 있는 '사랑'에는 선뜻 납득이 되지 않는 것이 있습니다. 한쪽에서는 〈세상의 중심에서 사랑을 외치다〉에서 보여준 '순수한 사랑'에 많은 사람들이 박수를 보내는 모습이 보입니다. 또한 다른 한편에서는 〈사랑의 유형지〉에서 보듯 일종의 자학적 성애를 궁극적인 순수한 사랑으로 보는 경향도 있습니다. 그러나 현실을 보면 대부분의 사람들은 그 어느 쪽도 아니어서, "사랑하는 사람을 찾지 못했다"며 투덜거립니다. '남자친구 또는 여자친구가 없이 산 지 ○년'이 된 남녀, '결혼을 해보지 못한' 남녀가 늘면서 만혼이 만연하고 이혼율도 높아지고 있습니다.

젊은 사람들이 점이나 심리 게임 같은 것에 달려들고, '사랑받는 방법', '멋진 연인을 만드는 방법' 등의 노하우를 다룬 특집이 끊이지 않으며 맞선 모임이 유행하는 이런 현상은 '사랑이란 무엇인가'라는 물음을 찾아보기 힘든 사회의 모습을 반증하는 것이 아닐까요?

사랑에 대해 넌더리가 날 만큼 많은 이야기를 하지만 정작 사랑에 대한 진정한 이야기는 하지 않고 있다고 생각합니다.

연애가 지닌 환상의 비극

'도대체 사랑이란 무엇일까' 하고 생각할 때마다, 내 머릿속에는 나쓰메 소세키가 묘사한 남녀의 모습이 떠오릅니다. 나쓰메 소세키의 작품은 온전히 연애소설이라고 말하기 힘들지만 남녀의 사랑은 늘 핵심적 주제이며, 지금도 여전히 싱싱하게 읽히는 남녀의 모습이 묘사되어 있습니다.

나쓰메 소세키가 묘사한 남녀의 사랑에는 특징이 있어서 때로는 "삼각관계만을 썼다", "불륜만을 묘사했다"는 평가를 받습니다. 그러나 나는 나쓰메 소세키가 근대 지식인의 '연애가 지닌 환상의 비극'과 같은 측면을 묘사했다고 표현하는 것이 옳다고 봅니다.

예를 들면 부모에게 얹혀살고 있는 『그 후』의 주인공 다이스케는 아버지에게 경제적 원조를 받는 조건으로 자산가의 딸과 정략결혼을 하라는 압력을 받습니다. 그러나 다이스케는 친구인 히라오카의 아내 미치요와의 금지된 사랑 쪽에 '진실한 사랑'이 있다고 믿습니다. 그래서 용기를 내어 미치요를 선택합니다. 하지만 정작 미치요의 각오가 단단해지자 겁을 집어먹습니다. 요즘 유행하는 말로 하면 '빼는' 것이지요. 공상과 현실의 차이가 미묘하게 드러나는 장면입니다. 물론 다이스케가 품고 있는 미치요에 대한 사랑은 거짓이 아니지만 생활을 위해 직업을 찾으러 바깥으로 뛰어나가는 다이스케의 모습은 사랑을 성취하고 환호성을 올리는 남자처럼 보이지 않습니다.

『행인』의 이치로는 아내가 자기를 사랑하는지 어떤지 확신을 갖지 못하고 동생에게 아내를 유혹해 볼 것을 의뢰합니다. 우수한 학자인 인간이 왜 그런 짓을 저지르는지 쉽게 이해가 되지 않을 것입니다. 이치로가 그런 일을 저지른 것은 '진실한 사랑'이라는 것을 추구하고 있기 때문입니다. 이치로는 부부는 사회적 역할 행동에 속박되어 있기 때문에 그것을 벗겨 내지 않으면 진정한 사랑인지 아닌지를 알 수 없다고 믿고 있습니다.

머릿속에서 '이것이 사랑이다'라고 떠올릴 때는 왠지 아름답고 신성한 것으로 생각합니다. 그러나 사랑을 성취하고 결혼과 같은 형태로 구체화되면 그 순간 사랑은 땅으로 추락하고 재산과 같은 것으로 변합니다. 쓰다 버린, 그래서 차갑고 딱딱해진 것처럼 변하고 맙니다.

형이상학(비일상) 속에 있기 때문에 사랑이 싱싱하고 아름답게 보이고 형이하학(일상)으로 떨어지는 순간 뼈대만 남고 숨이 끊어진다는 말인가요? "결혼은 인생의 무덤"이라는 말도 있지만, 만약 그렇다고 한다면 결혼 또는 부부라는 제도에 속박된 가정이라는 장소야말로 '유배지'가 되고 맙니다.

참고로 막스 베버는 본래의 의미가 박탈되고 수수께끼가 된 근대합리주의 속에서 종교를 예외로 한다면 '성애와 예술'이 손때가 타지 않은 유일한 '최후의 처녀지'라고 생각한 모양입니다.

막스 베버는 지성과 돈이 있는 상당히 '멋진 남자'로, 아내인 마리안네 이외에도 여배우 등과 염문이 있었다고 전해집니다. 마리안네도 막스 베버 주위에 있던 학자들과 연애편지를 주고받았다고 합니다. 따라서 그들 또한 가정 바깥의 비일상적인 사랑에 매력이 있다고 생각했을지도 모르겠습니다.

나쓰메 소세키 또한 아내인 교코(鏡子)와 금실이 좋았다고 말하기 힘듭니다. 소설 속에서 '아내에게 빈정댄다'는 의심이 들 정도로 아내와 용모와 성격이 대조적인 여성을 '이상적인 여자'로 묘사했습니다. 예를 들면 『몽십야』의 「제1화」에 나오는 여성이 전형적입니다. 교코는 남편의 작품에 자기와 전혀 다른 스타일의 여성이 나올 때마다 바가지를 긁었다고 합니다. 나쓰메 소세키는 아내 이외의 여성과 관계가 없었던 듯하지만 머릿속에서는 꽤나 여러 가지를 떠올렸을 가능성이 있습니다.

자유가 사랑을 황폐하게 만든다

나쓰메 소세키가 묘사한 남자와 여자에게서는 노골적인 행복감 같은 것을 느낄 수가 없습니다. 오히려 어찌할 수 없는 '사랑의 불모지(不毛地)'와 같은 모습이 많이 등장합니다.

그렇다면 나쓰메 소세키의 소설과 비교할 때 과연 오늘날 우리의 연애는 어떨까요?

사실 나는 나쓰메 소세키가 살았던 시대보다 훨씬 황폐한 불모지가 되었다는 생각이 듭니다. 그 이유는 우리가 더 많은 '자유'를 손에 넣었기 때문입니다.

근대의 도래와 함께 우리 '개인'은 많은 것들로부터 자유로

워졌습니다. 무엇을 믿을지도 자유, 어떻게 살지도 자유, 그리고 '누구를 어떻게 사랑할지'도 '무엇을 사랑이라고 생각할지'도 자유가 되었습니다.

백 년 전 나쓰메 소세키가 살던 때의 일본은 막 자유의 출발 지점에 서 있었고 연애에 대해서도 완전히 자유롭지 못했습니다. 오히려 부자유스러움이 더 많았다고 보아야겠지요. 연애결혼을 하는 사람이 많지 않았고 전통이나 집안, 격식, 신분, 처지 등 다양한 제약 속에서 자연스럽게 반려자가 결정되었을 것입니다. 상대를 완전히 자유롭게 선택할 수 있는 상황이 아니었지요. 그러나 제약이 있었기 때문에 그것이 '사랑'인지 '사랑이 아닌지' 역시 깨닫기 쉬웠습니다. 예를 들면 만약 자기 의지와 반대되는 반려자를 무리하게 맞이하게 되면 역으로 정말로 자기가 끌리는 상대가 어떤 사람인지 알게 되겠지요.

그런데 뭐든지 자유라는 말을 들으면 사람들은 판단의 기준을 잃고 어쩔 줄 몰라 합니다. 자유라는 것은 이처럼 곤란함을 동반하는 것입니다.

사랑하는 자유를 얻게 되면서 사랑으로부터 점점 멀어지는 아이러니가 그곳에 존재합니다.

부자유스럽기 때문에 잘 볼 수 있는 것이 있습니다. 자유로워지면 잘 보이지 않는 것이 있습니다. 이것은 연애에만 해당되는 것이 아닙니다. 이런 것을 자유의 역설이라고 부를 수 있겠지요.

누구를 사랑할지, 무엇을 사랑이라 생각할지에 대해 자유가 생겼을 때 사람들은 어떻게 할까요? 판단 기준이 없기 때문에 별도의 척도를 만들어 냅니다. 구체적인 조건을 달아서 제거하는 방식으로 선택합니다. 내가 젊었을 때는 이른바 '3고(高)'라는 것이 있었습니다. 여성들은 이상적인 상대로 '고수입, 고학력, 큰 키'를 꼽았습니다. 지금은 여기에 더해 직업, 나이, 생김새, 살고 있는 곳, 가족 구성 등도 포함됩니다. 결혼정보회사에 가입하는 것은 조건에 맞는 사람을 선택하기 위함이고, 정보회사에 가입하지 않아도 모두 비슷한 생각을 합니다.

그리고 "왜 연인이 필요한가요?"라고 물으면 많은 사람들이 "행복해지고 싶어서"라고 대답합니다. 물론 "불행해지고 싶어서"라고 대답하는 사람은 없습니다. 그런데 이 대답에 심각한 착각이 존재하고 있는 듯이 보입니다.

'내가 행복해지기 위해'라는 가벼운 생각으로 선택한 사랑은 '언제든지 대체 가능한 사랑'이 되기 쉽습니다. 다른 말로 하면 사랑이 소모품이 될 우려가 잠재되어 있습니다.

실제로 대체 가능한 사랑을 선택했을 때, 많은 사람들은 '이건 아니야'라고 생각하게 됩니다. 그렇다면 '진정한 사랑은 어디에 있지?'라고 생각하게 되고 극단적인 행동으로 이어집니다. 그 하나가 십대에 이미 졸업했어야 할 순애(純愛)이며,

또 하나는 아직 발을 디뎌 보지 못한 영역에 뛰어들겠다는 듯이 보이는 즉물적인 섹스가 아닐까요?

이처럼 양쪽 끝에 매우 극단적인 사랑의 모습이 있고 그 중간에 소모품 같은 사랑이 가득 차 있는 것이 바로 현재의 상황입니다. 이런 시대는 '연애론'이 성립되기 어려운 불모지가 아닐까요?

가장 사랑할 때 끝내고 싶다

나는 '행복해지고 싶다'는 마음과 '사랑'을 착각하고 있다고 말했습니다. 그러나 착각은 잘못이 아닙니다. 흔히 "사랑이란 결국 에고이즘이다"라고 말합니다. 이 말은 어떤 의미에서는 진리입니다.

이야기가 샛길로 빠지지만 조금 넓혀서 생각해 봅시다.

스토커라는 사람들이 있습니다. 스토킹은 자기 생각만을 들이대고 '상대의 입장을 고려하지 않는다'는 점에서 범죄라고 말합니다. 그러나 한편으로 "상대를 지극히 사랑하는데 범죄자 취급을 하는 것은 잘못이다. '열렬한 짝사랑'과 무엇이 다른가?"라고 주장하는 사람들도 있습니다.

그렇지만 스토커를 좋게 보기는 힘듭니다. 왜냐하면 스토커가 막다른 길까지 가면 필시 '카니발리즘(상대를 잡아먹는 것)'에 이르기 때문입니다. 상대를 일방적으로 열애한 경우 상대를 자기 속에 받아들여 하나로 융합시키고 싶어집니다. 이런 의미에서 에고이즘적 사랑의 극치는 '상대를 소멸시키는' 것입니다.

일본 고전문학의 고전적 패턴인 '정사(情死)'와도 통하는 부분이 있습니다. 정사의 경우 상대를 살해하고 자기도 죽는데, 상대를 소멸시킨다는 면에서는 다르지 않습니다.

그러나 좋아하는 상대를 하나하나 소멸시킨다면 큰일이 아닐 수 없습니다. 따라서 극단적인 이야기지만, 그것을 멈추게 하기 위해서 인간은 '결혼제도'를 만들어 낸 것일지도 모르겠습니다.

인간은 지구상에서 유일하게 '생각하는 동물'입니다. 충동적으로 성욕을 드러낼 때 '짐승 같다'고 말하는데, 그것은 비유에 불과할 뿐이고 인간과 동물은 근본적으로 다릅니다. 지구상에서 '종족 보존' 이외의 목적으로 섹스를 하는 동물은 인간밖에 없고, 사랑을 위해 상대를 살해하는 동물도 인간밖에 없습니다.

'사랑하는 사람을 왜 소멸시키고 싶어할까'라는 문제에 대해 생각할 때 머릿속에 떠오르는 것은 '사람의 마음은 시시각각 변한다'는 것입니다. 사랑이 식는 것을 두려워하는 것입니다. 따라서 상대를 최고로 사랑하고 있을 때 소멸시키고 싶어하거나 서로의 애정이 최고조에 이르렀을 때 끝내고 싶다는 마음이 드는 것이겠지요.

사랑은 끊임없는 상호작용의 결과

좀 극단적인 이야기였지만, 나 스스로 '사랑'에 관해 느끼고 있는 것은 '사랑에는 형태가 없다'는 것입니다. 형태가 없을 뿐만 아니라 '사랑의 모습이 시시각각 변한다'는 것입니다. '이 사람은 나에게 어떤 의미일까?'라고 물을 때 물음을 던지는 것 자체가 잘못이 아닐까요? 즉 상대와 마주보고 있을 때는 상대에게 내가 무엇인지에 대해 생각하고, 상대가 나에게 무엇을 묻는지에 대해 생각해야 합니다. 그리고 그 물음에 대답하려고 하며 대꾸하려는 의욕이 있어야 합니다. 이런 전제가 있어야 사랑이 성립되는 것이 아닐는지요?

오랫동안 사귄 연인이나 부부들이 이렇게 이야기하는 것을 종종 듣게 됩니다. "그에 대한 애정이 식었어." "그녀의 마음이 변했어." "예전처럼 사랑하지 않아." 그러나 그것은 옳은 것일까요?

많은 사람들이 "이것이 사랑이다"라고 의견을 내놓지만 사랑에는 형태가 없기 때문에 내놓고 보여줄 수가 없습니다. 다만 '사랑'이라는 막연한 것 속에서 유일하게 끄집어낼 수 있는 것이 '성(性)'이라고 말할 수 있습니다. 따라서 사랑을 붙잡기 힘들 때 성에 의지하는 경우도 있습니다.

그렇다고 해서 오늘날 사람들이 이른바 일반적인 섹스에 믿음을 두고 있는 것도 아닙니다. 아주 오래전에 나라바야시 야스시(奈良林祥)의 『HOW TO SEX』라는 책이 베스트셀러가 된 적이 있습니다. 남녀가 사랑을 확인하려는 엄숙한 의식으로서의 섹스가 있고 그것을 성취했을 때 황홀감에 이른다는 취지였지만, 그런 것을 액면 그대로 받아들일 정도로 순진한 사람은 많지 않습니다.

결국 사랑은 어떤 개인과 어떤 개인 사이에 전개되는 '끊임없는 행위의 결과'이기 때문에 한쪽이 행동을 취하고 상대가 거기에 응하려고 할 때 그 순간마다 사랑이 성립되는 것이며, 그런 의지가 있는 한 사랑은 계속될 것입니다.

만약 부부라면 오랫동안 함께 지내는 과정에서 아이가 태어나기도 합니다. 점점 권태감을 느끼기도 하겠지요. 사람에 따라서는 나쓰메 소세키의 소설에 나오는 것처럼 삼각관계에 빠지기도 하겠지요. 사랑은 계속 모습이 변합니다. 가장 중요한 것은 매 순간 둘 사이에 물음이 있고 서로 그 물음에 대해 반응할 의지가 있는가 하는 점입니다.

사람이 사랑하는 방법이라는 법칙은 없습니다. 체스를 두는 것처럼 사전에 정해진 규칙이 있는 것도 아닙니다. 그때그때 상황에 따라 최선이라고 생각하는 수를 두는 것이지요. 그와 마찬가지로 상대가 던지는 물음 하나하나에 대응하다가 마지막에 상대가 던지는 물음에 대응할 의지가 사라지게 되면 사랑은 끝이 납니다.

계속해서 상대에 대한 열렬한 애정을 갖는 것은 거의 불가능에 가깝습니다. 많은 사람들은 애정의 온도가 떨어졌을 때 쓸쓸함을 느낍니다. 그러나 그것은 사랑의 모습이 바뀐 것일 뿐이지 사랑이 사라진 것은 아닙니다.

그것은 결혼을 할지 말지를 결정하는 것에서도 다를 것이 없습니다. 그래서 나는 개인적으로 "연애와 결혼은 다르다"는 말을 믿지 않습니다. 이 말은 뭔가 다른 차원의 장소에 사랑의 성지를 만들고 그곳에만 진정한 사랑이 있다고 여기는 것이기 때문에 찬성할 수 없으며, 무엇보다 절정에 이르렀을 때 사랑을 끝내야 한다는 생각에 찬성할 수 없습니다.

그것은 내 결혼이 그러했기 때문이고, 돌이켜 볼 때 결혼하기를 잘했다는 생각이 들기 때문입니다.

타고 남은 재 속에 남아 있는 불씨, 그것도 사랑이다

이런 의미를 생각하며 나쓰메 소세키의 소설을 다시 읽어 보면 보이지 않던 것이 보이기 시작합니다. 나쓰메 소세키는 대부분의 남녀 관계를 부부라는 형태로 묘사했습니다. 또한 앞에서 말한 것처럼 대부분의 부부가 행복한 것처럼 보이지 않습니다. 많은 부부가 자아의 충돌이 일어나거나 환상과 현실의 차이에 지쳐서 해결하기 힘든 상황으로 빠져들고 있는 듯이 보입니다. 그러나 사실은 반드시 그렇지는 않습니다. 왜냐하면 불모처럼 보이는 관계 곳곳에 빛이 반짝이고 있기 때문입니다.

나는 개인적으로『문』에 나오는 소스케와 오요네 부부를 좋아합니다. 과거에 친구를 배반할 정도로 열렬하게 사랑했던 그들은 현재 참회의 마음을 가지고 의욕이 없는 은둔 생활을 하고 있지만 그들의 생활 속에는 재 속에 남아 있는 불꽃 같은 따스함이 있습니다.

부부 관계만 보면 도저히 구제할 수 없을 듯이 보이는『길 위의 생』도 다를 것이 없습니다. 이 작품은 나쓰메 소세키와 교코의 실제 모습과 가장 닮은 것으로 평가받고 있어 상당히 냉엄한 부분이 있지만, 주인공 겐조가 아내의 급한 출산에 허둥대는 장면 등은 매우 사실적이어서 쉽게 자를 수 없는 인연 같은 것을 느끼게 합니다. 그리고 부부가 처절한 심리전을 진행하듯이 전개되는『명암』에서도 쓰다와 노부의 마음이 이상한 형태로 '동지'처럼 결합되는 순간이 있습니다.

생각해 보면 부부에게는 부모 자식 같은 혈연관계가 없습니다. 원래는 피가 섞이지 않은 타인입니다. 그럼에도 불구하고 한쪽이 세상을 떠나면 비탄에 잠기고 상대에 대한 애절한 마음을 갖습니다. 그것은 사랑이 모습을 바꾸면서 서로 속에 존재하고 그렇게 쌓인 것이 자기 인생이 되기 때문이 아닐까요? 따라서 사랑이 성취되었는지 어떤지는 인생이 끝나지 않으면 알 수 없는 것입니다.

앞에서 막스 베버와 마리안네는 둘 다 반려자를 두고 사랑의 성지를 찾아다녔다고 말했습니다. 두 사람은 '사랑이란 무엇인가'라는 문제에 대해 주고받은 편지를 남겼습니다. 특히 막스 베버가 정신병을 앓았을 때의 편지를 보면 따스한 반짝임 같은 것이 느껴집니다.

나쓰메 소세키도 일기 등을 읽어 보면 교코에게 상당히 냉정했지만 때로는 깊은 배려를 느낄 수 있는 편지도 있습니다. 막스 베버나 나쓰메 소세키 모두 헤어지지 않고 함께 살았다는 면에서 그들의 사랑 또한 마지막까지 계속되었을 것입니다.

또 하나 덧붙인다면 나쓰메 소세키의 소설 속에는 다소 악녀적인 여성이 등장하지만 극단적인 바람둥이는 나오지 않습니다. 묘사되어 있는 것은 새롭고 신기한 모험이 아니라 주위에서 흔히 볼 수 있는 세계입니다. 앞에서 연애 환상이라는 것에 대해 이야기를 했는데, 관점을 달리해 보면 나쓰메 소세키는 일상의 남녀 모습 속에 가장 모험적인 연애가 있다고 생각했을지도 모르겠습니다.

또 하나 나쓰메 소세키의 등장인물들에 대해 말할 것이 있습니다. 사랑이 남녀의 상호작용에 의한 결과라는 의미에서 그들은 결코 사랑에 대해 게으르지 않았다는 점입니다. 즉 간단하게 처리하지 않았다는 말입니다.

돌이켜 생각해 보면 사랑은 그때그때 상대의 물음에 응답하려는 의지입니다. 사랑의 모습은 변합니다. 행복해지는 것이 사랑의 목적이 아닙니다. 사랑이 식을 것을 처음부터 겁낼 필요는 없습니다.

8

왜 죽어서는 안 되는 것일까?

나 스스로 삶의 보람에 대해 생각해 보았습니다. 도대체 무엇이 있을까 생각해 보았지만 해답을 찾기가 힘들었습니다. 아마 돈이나 학력, 지위, 일의 성공과 같은 것은 최종적으로는 살아갈 힘이 되지 않을 것입니다. 그렇다면 힘이 될 수 있는 것은 무엇일까요? 궁극적으로는 개인의 내면에 깃드는 충족감, 즉 자아 또는 마음의 문제로 귀결될 듯합니다.

본문 150쪽에서

예외 상황과 마음의 준비

'무차별 살인'은 미국에서나 일어나는 사건이라는 생각은 옛일이 되었습니다. 일본에서도 최근 믿기 어려운 사건이 일어납니다. 2001년 오사카 교육대학 교육학부 부속 이케다 초등학교에서 악몽과도 같은 살상 사건이 일어났는데, 2007년 나가사키에서 산탄총을 난사해서 많은 사람들이 죽고 다치는 사건이 또 일어났습니다. 이런 보도를 접할 때마다 '사람의 목숨이 가벼워진다'는 생각과 함께 으스스해지는 기분이 듭니다.

안정적 법과 질서가 무력해지는 위기적 상황을 '예외 상황'이라고 부른다면, 그와 비슷한 상황이 우리의 일상 세계에서 퍼져 나가고 있는 듯이 보입니다.

아무런 원한도 없고 자기와 아무 관계가 없는 사람들을 죽이는 일을 어떻게 이해해야 할까요? 아마 '살아가는 것에 아무런 의미가 없다'는 상황을 현실적으로 보여주는 것이 아닐까 생각합니다.

이케다 초등학교 사건에서 피해자는 어린아이들입니다. 아이들은 세상의 때가 타지 않았고, 그래서 밝고 행복한 미래를 상징하는 존재입니다. 범인은 그렇기 때문에 아이들을 이 세상에서 없애고 자기도 사형을 받고 이 세상에서 사라지면 그만이라고 생각한 것일지도 모릅니다. 최악의 결말이지만 범인은 '삶'에 아무런 의미가 없음을 이렇게 증명해 보이려고 했던 것일까요?

큰 사건을 일으킨 범인은 대부분 구제를 받지 못합니다. 그러나 아이를 빼앗긴 가족은 더욱 참혹합니다. 왜냐하면 피해자 입장에서 보면 전쟁이나 역병으로 생명을 빼앗긴 것과 같은 '부조리'를 느끼게 되고, 그래서 왜 자기 아이가 죽어야 했는가 하는 의미를 절대로 찾아낼 수 없기 때문입니다. 이른바 '의미의 피안(彼岸)'이 생기고 마는 것이지요.

정신의학자이며 사상가인 빅터 E. 프랭클은 사람들이 고뇌에 견디는 힘을 많이 지니고 있지만 의미 상실에는 견디지 못한다는 취지의 글을 쓴 적이 있습니다.

사람들은 자기 인생에서 일어나는 사건의 의미를 이해하면서 살아갑니다. 물론 하나하나의 의미를 일일이 생각하며 사는 것은 아니고 의미를 확신하고 있기 때문에 이해가 무의식화되는 경우도 있습니다. 어느 쪽이 되었든 그것이 사람에게 살아갈 수 있는 '힘'이 됩니다. 따라서 의미를 확신하지 못하게 되면 사람은 절망에 빠지게 됩니다.

앞에서 본 비극적인 사건을 저지르지 않고는 자기가 살아가는 의미를 알 수 없는 사람, 또는 어떤 부조리한 원인에 의해 세상을 이해할 수 없게 된 사람이 점점 늘어나고 있는 듯이 보입니다. 자살률이 매년 증가하는 것이 그 증거입니다. 그것은 일본만의 이야기가 아닙니다. 한국에서도 비슷한 상황이 일어나고 있습니다.

요즘 세상을 바라보면 모두 억압 없이 자유롭게 살고 있는 듯이 보입니다. 그러나 사실은 그렇지 않습니다. 도시의 밤을 밝히는 환한 조명을 보면 아름답습니다. 그러나 아름다운 빛에 가려서 보이지 않는 어두운 곳에서 무서운 일이 일어나고 있다는 생각이 듭니다. '사람이 지닌 마음의 암흑' 속에서 정체를 알 수 없는 것이 꿈틀거리고 있는 듯한 그런 느낌입니다.

포화 상태에 이른 세계에서 크고 작은 많은 '예외 상황'이 일어나고 있으며, 그것이 특별한 일 없이 일상을 보내고 있는 사람들의 마음에 적지 않은 스트레스를 안겨 줍니다. 따라서 무슨 일이 생기면 뚜껑이 열리고, 집어던지고, 숨거나 우울증에 빠집니다. 최악의 경우에는 스스로 목숨을 끊기도 합니다.

'보통 사람'에게 갑자기 돌연변이가 일어나는 것이 오늘날입니다. 많은 사람들이 마음의 '임전 태세'를 갖추어야 할 때입니다.

죽음이 무의미하면 삶도 무의미하다
이런 '임전 태세'가 좀 더 농밀하고 적극적인 형태로 나타나는 장소는 죽음과 가까운 강제수용소가 아닐까요?

빅터 E. 프랭클은 제2차 세계대전 중 아우슈비츠를 비롯한 강제수용소에 수용되어 어떤 남자를 만난 적이 있었는데, 나이나 체력에서 떨어지는 프랭클은 살아남았지만 젊고 건강한 그 남자는 죽고 말았습니다. 프랭클은 가혹한 취급을 받으면서도 희망을 버리지 않았고, 그 참혹한 상황을 극복하고 '인간적으로 고민하고 싶다'는 바람을 계속 유지했다고 합니다. 그러나 그 남자는 미리 포기하고 말았습니다. 이렇듯 삶의 의미에 대한 확신은 인간의 생명력에 절대적으로 영향을 미칩니다.

톨스토이는 "무한히 진화해 가는 문명 속에서 인간의 죽음은 무의미하다. 죽음이 무의미하기 때문에 삶 또한 무의미하다"고 말했습니다. 사람이 자연의 섭리에 따라서 삶을 영위할 때에는 유기적인 윤회와 같은 것 속에서 삶을 위해 필요한 것을 거의 다 배우고 인생에 만족하며 죽을 수가 있습니다. 그러나 끝이 없는 발전 속에 살고 있는 사람은 그때에만 가치가 있는 일시적인 것밖에 배울 수 없고 결국 만족을 느끼지 못하고 죽게 됩니다. 따라서 확실한 것을 얻지 못한 죽음은 의미가 없는 사건에 불과하고 무의미한 죽음밖에 얻을 수 없는 삶 또한 무의미할 수밖에 없습니다.

3장에서도 말했습니다만, 자연의 섭리에 따른 삶은 전통적 관습 속에서 살아온 내 어머니의 인생과 같은 것이라고 할 수 있겠지요. 그런 의미에서 어머니는 행복했을 거라고 생각합니다. 그러나 오늘날의 우리는 그처럼 정해진 환경 속에서 살 수 없습니다. 주어진 주기의 리듬과 같은 것에 몸을 맡기고 의문 없이 살다가 의문 없이 죽는 일은 이제 어려운 일입니다.

앞으로 계속 돌진해 가는 시대 속에서 우리 하나하나의 인생은 '통과 지점'의 하나에 불과합니다. 따라서 사람들은 일단 살고 있기는 하지만 어떤 삶의 보람을 위해 살아야 하는지 알 수 없는 상황에 놓이기 쉽습니다. 실감이 나지 않기 때문에 자기가 없어도 아무도 곤란을 느끼지 않을 것이며 얼마든지 대체가 가능하다는 기분에 사로잡히게 됩니다. 즉 살아 있는 의미가 닳아 없어지고 마는 것이지요.

오늘날 세상에서 자기가 살아 있다는 것에 진심으로 감사하고, 살아 있음의 환희를 마음 깊은 곳에서 구가하는 사람이 과연 얼마나 될까요?

'생명은 귀하다'는 관념도 효과가 없다

얼마 전에 '자살'에 관한 텔레비전 프로그램을 보는데 "죽고 싶어하는 사람에게 죽지 말라고 말하는 것은 참으로 잔혹하다"는 의견이 나왔습니다. 어떤 의미에서는 진실한 말입니다. 그러나 내가 만약 그런 상황에 놓인다면 "죽으면 안 돼"라고 말하겠지요. 망설이면서도 말입니다.

한마디로 죽음이라고 해도 '가치관이나 도의심 때문에 죽어도 물러설 수 없다'는 식의 형이상학적 죽음도 있고 '빌린 돈을 갚지 못하면 죽을 수밖에 없다'는 형이하학적 죽음도 있습니다. 따라서 '죽음'을 일반화해서 말하는 것은 매우 어려운 문제입니다.

나쓰메 소세키의 『유리문 안에서』에는 이런 이야기가 나옵니다.

어느 날 나쓰메 소세키에게 여자가 찾아와서 개인적인 이야기를 합니다. 그런데 듣기에 매우 괴로울 정도의 비통한 이야기였습니다. 여자는 이야기를 마친 뒤에 나쓰메 소세키에게 "만약 나와 같은 여자를 주인공으로 삼아 소설을 쓴다면 그 여자가 죽어야 한다고 생각하는지 아니면 살아야 한다고 쓸 것인지" 묻습니다.

나쓰메 소세키는 그 여자가 세상에서 꼼짝달싹도 하지 못하는 상황에 있음을 알아차립니다. 그렇지만 여자에게 "죽지 말고 살아야 해"라고 말합니다. 그리고 늘 자기 가슴속에 "죽음은 삶보다 귀하다"는 말이 떠돌고 있었음을 생각합니다.

그렇게 생각하면서도 살아 있는 이유는 부모, 조부모, 증조부모, 이렇게 몇 백 년, 몇 천 년 계속 되어 온 생명의 습관을 자기 대에서 끝낼 수 없었기 때문이라고 합니다. 그것이 바로 "살아 있는 것이 고통이라면 죽어도 좋겠지요"라는 말을 끝내 하지 못한 이유입니다.

그리고 이렇게 말합니다.

"늘 삶보다 죽음이 귀하다고 믿고 있던 내 희망과 조언은 결국 불쾌함으로 가득한 삶을 초월하지는 못했다. 게다가 그것은 나 스스로 평범한 자연주의자임을 드러낸 것처럼 느껴졌다. 나는 지금도 반신반의하는 눈으로 물끄러미 내 마음을 바라보고 있다."

'사상적으로는 죽음의 존엄을 존중한다고 해도 현실적으로는 천수를 누려야 한다. 스스로 생명을 끊어서는 안 된다. 자기 생명은 자기 것이 아니라 조상들로부터 부여받은 것이다.' 이것은 어떤 의미에서는 정론(正論)입니다. 그러나 그와 동시에 이와 같은 설득이 현대사회를 살아가는 사람들에게 어느 정도의 억제력을 발휘할 수 있을지는 의문입니다.

나쓰메 소세키의 시대에는 상황이 어찌되었든 사람의 생존을 위한 관습이나 관행 같은 것이 존재했습니다. 또한 지금과 달리 결핵 등의 불치병이 많았고 사망률이 높았던 것도 관계가 있겠지요. 따라서 '생명을 귀하게 여겨야 한다'는 관념이 당연한 것이었고, 그 관념은 '사람을 살리는 힘'으로 살아 있었습니다. 그것은 '내가 어디에 있는지' 위치를 알려 주었고, 살아갈 의미를 잃었을 때 '구조선' 역할을 했습니다.

그러나 지금은 그와 같은 관습 의식이 없습니다. 처음부터 규제가 없는 상태에 놓여 있습니다. 살아 있는 것이 허무할 때 관습에 뿌리를 둔 생각을 통해 죽음에 대한 고민을 멈추겠다고 생각하는 사람이 과연 있을까요?

이는 개인의 '자유'가 발전했기 때문입니다. 죽는 것도 사는 것도 자유, 스스로 생각해서 결정하라고 말합니다. 자유가 끝까지 진행되면 사람은 이처럼 '의지할 곳이 없음'을 절실하게 느끼게 될 것입니다.

무엇이 살아갈 힘이 될까?
우리는 자유를 얻은 대가로 관습이라는 제동장치 대신에 살아갈 수 있는 추진력이 될 무언가를 각자 손에 넣어야만 합니다.

이것은 매우 어려운 일입니다. 그러나 결국 그것만이 죽음에 대한 억제력이 될 수 있다는 것도 사실입니다.

앞에서도 말했지만 오늘날 사회에는 세상에서 버려진 기분으로 고립되어 있는 사람들이 적지 않습니다. 문제는 그런 사람들만이 아닙니다. 활동적으로 일을 하며 열심히 자기실현을 이루어 가는 사람들 사이에도 공허함이 퍼져 있다는 것입니다. 나 스스로 삶의 보람에 대해 생각해 보았습니다. 도대체 무엇이 있을까 생각해 보았지만 해답을 찾기가 힘들었습니다. 아마 돈이나 학력, 지위, 일의 성공과 같은 것은 최종적으로는 살아갈 힘이 되지 않을 것입니다.

그렇다면 힘이 될 수 있는 것은 무엇일까요? 궁극적으로는 개인의 내면에 깃드는 충족감, 즉 자아 또는 마음의 문제로 귀결될 듯합니다.

여기서 나는 다시 『마음』에 나오는 '선생'에 대해 생각해 보았습니다.

"자유와 고립과 자아로 가득한 현대를 살아가는 우리는 모두 그 대가로 쓸쓸함을 맛보아야만 하겠지요"라고 선생은 말합니다.

선생은 경제적으로 곤란한 것도 아니고 염세적이지도 않으며 집에 처박혀 있지도 않습니다. 그런 점에서도 아무런 구속 없이 자유롭게 살아갑니다. 그런 선생이 죽음을 떠올린 것은 역시 자아의 고독 때문입니다.

우리는 "사람은 혼자서 살 수 없어"라는 말을 자주 합니다. 그것은 경제적·물리적 뒷받침이라는 의미뿐만 아니라 철학적 의미에서도 그렇습니다. 자아를 보존해 가기 위해서는 역시 타자와의 관계가 필요합니다. 상호 인정 없이는 살아갈 수 없습니다. 상호 인정이 없으면 자아가 존재할 수 없습니다.

선생은 K와의 복잡한 사정에 대해 아내에게 끝까지 고백하지 않습니다. 그 때문에 아내는 만족을 얻지 못했고 결국 그는 그녀를 행복하게 해주지 못했습니다. 그것은 아내에 대한 사랑 때문이기도 하지만 자기의 비겁함을 인정하고 싶어하지 않는 에고, 또는 사실의 은닉이 자기 신념을 바탕으로 선택한 길이라는 자존심 때문이기도 했습니다. 이렇게 선생의 절대적 고독은 구원을 받지 못했습니다. 그리고 '자기가 쌓은 성'을 지키고 있는 한 그 누구와도 연결되지 않습니다.

그러나 선생은 마지막에 깊이 숨겨 놓았던 것을 '나'에게 모조리 고백합니다. 지키고 있던 성을 '나'에게 비워 준 것입니다. 그 순간 선생과 '나' 사이에는 '상호 인정'의 관계가 만들어지지 않았을까요? 그리고 선생이 '나'에게 비밀을 털어놓은 것은 '나'를 믿었기 때문이었습니다. 믿었기 때문에 속내를 드러낼 수 있었습니다. 물론 선생은 스스로 목숨을 끊었지만 그전에 순간이나마 자아의 고독에서 해방되었을 것이라고 생각해 봅니다.

나쓰메 소세키는 이 책에서 사람이 스스로 죽음을 선택할 자유에 대해서도 썼습니다. 그러나 그보다는 사람이 타자와의 관계를 간절하게 원하는 기분에 대해 쓰고 싶었던 것이 아닐까요?

관계를 계속해서 찾아라

사람과 사람이 관계를 맺는 방법은 하나가 아니라 여러 가지입니다.

나는 이렇게 저렇게 하라고 충고할 입장이 아닙니다. 그보다는 그것을 각자 고민하고 생각하는 것이 좋습니다. '뇌'를 특화해서 피상적으로 이해하거나 '나'에 갇혀서 성을 만들지 말고 관계를 맺을 수 있는 방법에 대해 생각해 보기 바랍니다.

단순히 "죽어서는 안 된다"고 말할 수는 없을 듯합니다. 그러나 "타인과의 관계에 대해 생각해 보라"고 말하고 싶습니다. 관계를 맺기 위해서는 어떻게 해야 할지 생각해야 합니다. 그 의미를 확신할 수 있을 때 '삶'과 '죽음'이 모두 비슷한 무게를 가지게 될 것입니다. 그렇게 믿고 싶습니다.

나도 오랫동안 고민을 했습니다. 재능이 뛰어나지 못하기 때문에 오랫동안 생각해야 했습니다. 어릴 때에 '사회에서 아무도 나를 인정해 주지 않는다'는 부조리를 알아차린 이후 천

천히 걸으면서 조금씩 사람들 사이에서 상호 인정의 관계를 만들어 온 듯한 느낌이 듭니다. 때로는 자기모순에 빠지기도 했고 포기하고 싶을 때도 있었습니다. 때로는 전력을 다하지 않고 엉거주춤한 상태로 만족하던 때도 있었습니다. 타자를 인정하면 기가 죽을 것 같은 기분이 들어서 납득할 수 없을 때도 있었습니다.

그렇지만 그런 경험이 쌓여 현재의 내가 있는 것이겠지요. 타자를 인정하는 것은 나를 굽히는 일이 아닙니다. 내가 상대를 인정하고 나도 상대에게 인정을 받는 것입니다. 거기에서 얻은 힘으로 나는 내가 되어 살아갈 수 있게 됩니다. 내가 비로소 내가 된다는 의미에 대해 확신할 수 있습니다.

그리고 내가 나로서 살아가는 의미를 확신할 수 있게 되면 마음이 열립니다. 프랭클이 말한 것과 비슷하지만 자기의 의미를 확신한 사람은 우울증에 걸리지 않는다고 생각합니다. 따라서 고민하는 것은 좋은 것이고, 확신할 때까지 계속 고민하는 것이 좋습니다.

어중간하게 하지 않고 진지하게 끝까지 고민하는 것. 나는 거기에서 자기 나름대로의 해답을 찾을 수 있을 것이라고 믿습니다.

9

늙어서 '최강'이 되라

사실 지금의 시대는 여러 가지 의미에서 꿰뚫고 나가야 할 필요가 있습니다. 정치와 경제, 지식의 세계가 모두 가득 차 있습니다. 사소한 일 하나하나까지 간섭을 하거나 옥신각신해도 폐쇄감은 해결되지 않습니다. …… 젊은 사람들은 더 크게 고민했으면 좋겠습니다. 그리고 고민을 계속해서 결국 뚫고 나가 뻔뻔해졌으면 좋겠습니다. 그런 새로운 파괴력이 없으면 지금의 일본은 변하지 않을 것이고 미래도 밝지 않을 것이라고 생각합니다. **본문 169~170쪽에서**

그들은 젊었다

인생은 긴 듯해도 짧습니다. 나도 쉰일곱 살이 되었습니다. 나쓰메 소세키가 세상을 떠난 것이 쉰 살, 막스 베버가 세상을 떠난 것이 쉰여섯 살 때였으니까 이미 그들이 살았던 세월을 뛰어넘었습니다. 그들은 나에게 엄청난 선배들이어서 아무리 생각해도 그들이 연하라는 생각이 들지 않습니다.

그렇습니다. 그들은 의외로 젊었습니다.

그들이 의외로 젊었다는 것에 놀란 것은 나뿐만이 아닐 것입니다. 그것은 요즘 사람들 대다수가 실제 나이보다 저(低)연령화되어 있음을 보여주는 것이기도 합니다. 주위에 만약 나쓰메 소세키와 같은 쉰 살이 된 사람이 있으면 비교해 보십시오. 아마 그 사람은 나쓰메 소세키처럼 '달관'에 이르지 못한 '번뇌 덩어리'일 것입니다.

한편 일본은 '초고령 사회' 시대를 맞이하고 있다고 말합니다. 그래서인지 요즘 '노인 간호 문제'나 '노년을 보내는 노하우' 또는 '단카이 세대(일본에서 제2차 세계대전 이후 1947~1949년 사이에 태어난 베이비붐 세대를 가리킨다)의 대량 정년', '조기 퇴직과 재취업' 등 노년에 관한 화제로 떠들썩합니다.

노년이 무엇인지에 대해서 생각하지 않고는 '요즘' 시대를 말할 수 없습니다. 그래서 마지막 장에서 이 문제를 다루어 보려고 합니다.

그러나 안타깝게도 나쓰메 소세키와 막스 베버는 '노년'을 보내지 못했습니다. 따라서 미력하지만 내 독단으로 논의를 전개해 보겠습니다.

분별없는 노인들만 생긴다

현대를 살아가는 우리의 '노년'은 백 년 전 나쓰메 소세키가 살았던 시대의 '노년'과 전혀 다를 것으로 생각됩니다. 먼저 기존의 노년 이미지와 현재의 상황을 비교해 보겠습니다.

'노년' 하면 떠오르는 것은 육체의 쇠락과 사고력의 저하입니다. 이것은 예나 지금이나 다를 것이 없다고 생각합니다. 그러나 식습관과 고도로 발전한 의료 기술, 다양한 문화적 요소 탓인지 지금의 실버 세대는 과거의 동일한 세대보다 훨씬 젊습니다. 얼마 전까지만 해도 예순 살 정년이 당연한 것이었지만 지금의 예순 살은 정신적으로나 육체적으로나 은퇴하기에는 너무 이른 나이입니다.

다음으로 생각해 볼 수 있는 것이 노인은 '분별력'이 있어 '원숙'한 지혜를 갖고 있다는 이미지입니다. 그러나 지금의 노인에게서는 그런 느낌이 별로 들지 않습니다. 또한 우리 세대가 10년, 20년 후에 분별력이 뛰어난 현명한 노인이 될 수 있을까 하고 생각해 보면 거의 그렇게 될 가능성이 없다고 생각됩니다.

그리고 과거에 노인은 '꾸밈이 없고 담백한' 사람으로, 묘한 색기를 가져서는 안 되었습니다. 거기서 벗어나면 "나이 먹은 보람이 없다"는 말과 함께 경멸의 눈초리를 받아야 했습니다. 참고로 나쓰메 소세키는 아버지가 쉰한 살, 어머니가 마흔두 살이라는 꽤 늦은 나이에 본 아들로 부모는 그 때문에 '부끄럽다'며 나쓰메 소세키를 다른 집에 양자로 보냈습니다. 이 일은 나쓰메 소세키의 마음에 큰 트라우마로 남았습니다. 이런 사실만 보아도 당시 사람들의 생각을 알 수 있습니다.

그러나 현대에는 꽤 고령자임에도 연애도 하고 섹스도 합니다. 이제는 '노인의 성'을 당연하게 여기는 시대입니다.

이렇게 보면 '노인은 분별이 있고 원숙하며 꾸밈이 없고 담백한 존재'라는 과거의 이미지는 현대에 와서 거의 무너졌다고 말할 수 있습니다.

'장로(長老)'라는 말이 있듯이, 과거에는 노인의 지혜를 사회의 귀중한 존재로 여겼습니다. 영화 〈아라비아의 로렌스〉의 마지막 부분에 노련한 족장인 파이잘이 조금은 슬픈 표정으로 로렌스를 위로하면서, "젊은이는 전쟁에서 싸우고 노인은 정치를 한다"는 말을 하는 장면이 나오는데 바로 그렇습니다.

정치학의 세계에서 '장로 정치'는 매우 중요한 개념입니다. 그러나 일본에서는 이제 장로가 나오지 않을 것이며 카리스마도 나오지 않겠지요.

노인의 힘은 '교란하는 힘'

이제 일본은 앞으로 어떻게 될까요?

그리스 철학자 플라톤은 『국가』에서 아이를 공유해야 한다는 주장을 펼칩니다. 일종의 '원시공동체'입니다. 플라톤이 그렇게 생각한 것은 아이가 '이상(理想) 국가'를 혼란스럽게 교란하는 요인이 될 수 있음을 두려워했기 때문입니다.

이 생각을 '노인이란 무엇인가'에 빗대 보면, 노인은 아이와 마찬가지로 '사회의 규범에서 밀려난 사람'이라고 생각할 수 있지 않을까요? 왜냐하면 정년을 맞이해서 무직이 되면 더 이상 '사회인'이 아니기 때문입니다. 비(非)노동인구로서 생산 활동의 구조에서 벗어나게 되는 것이지요. 전철 무임승차와 같은 각종 할인, 다양한 시설의 '노인 무료 입장' 등의 우대가 있음을 생각해 보면 적극적 소비자도 아닙니다. 왠지 모르게 '미성년자는 무죄'와 비슷한 자유로운 상태가 됩니다. 그런 고령자가 지금 대량으로 세상에 몰려오고 있습니다.

과거에 '노인'이 지니고 있던 힘은 사회의 폭주를 막아 주는, 이른바 '안전판'이라고 생각했습니다. 그러나 오늘날 우리 세대가 좀 더 나이를 먹는다고 해도 사회의 안전판 역할을 하지는 못할 것입니다. "노인은 권위에 의지한다"라든지 "노인은 보수적이다"라고 말들 하지만 앞으로는 그 말을 적용하지 못할 가능성이 높습니다. 달리 말하면 과거보다 '분별 없는' 노인이 늘었다는 것입니다.

따라서 앞으로 누군가 나에게 요즘 시대 '노인의 힘'이 무엇이냐고 물으면 '교란하는 힘'이라고 대답하겠습니다.

아이는 점점 줄어들고 있는데 노인은 점점 늘어나고 있습니다. 따라서 이 사회는 자칫하면 무정부 상태로 흘러갈지도 모르겠다는 생각도 조금씩 듭니다. 물론 나쁜 의미에서 말하는 것은 아닙니다. 노인의 '교란하는 힘'은 생산성이나 효율성,

젊음과 유용성을 중심으로 하는 지금까지의 사회를 바꿀 수 있는 힘이 될 것이라고 생각하기 때문입니다.

죽음을 받아들이고, 두려움을 없애고

그런데 나도 사십대쯤에 나이를 먹는 것이 두려웠던 적이 있습니다. 기력과 체력이 떨어지는 것을 느끼며 앞으로 어떻게 해야 할지 막막했습니다. 정체를 알 수 없는 불안감에 시달리며 공연히 마음이 침울했던 때도 있습니다. 최근에 남자들도 갱년기 장애를 겪는다는 말을 듣게 되는데, 아마 그런 증세였던 것이겠지요. 돌이켜 보면 일종의 우울증 같은 것이었습니다.

그러나 그런 증세가 사라진 뒤 기분이 묘하게 상쾌했습니다. 그때의 심경을 한마디로 표현하면 이렇습니다. "이 세상에 두려운 것은 없어."

그렇게 되기까지 상당한 갈등이 있었지만, 내게 큰 계기가 되었던 것은 그 무렵 맞닥뜨린 몇몇 '죽음'이었습니다.

가장 큰 전환점이 된 것은 부모님의 죽음입니다. 재일 한국인인 내게 구마모토에 있는 부모님은 무슨 일이 생겼을 때 돌아갈 수 있는, 마지막으로 의지할 수 있는 존재였기 때문에 그 상실감은 너무나도 컸습니다. 부모님이 세상을 떠났을 때 나는 깊은 곳으로 떨어지고 말았습니다. 그러나 『그 후』의 다이스케와 비교하기에는 무리가 있겠지만, 그 사건을 통해 결정적으로 비참한 현실이라는 하계(下界)로 떨어질 수 있었을지도 모르겠습니다.

친구의 죽음도 경험했습니다. 학창 시절부터 즐거움과 괴로움을 함께 나누었던 둘도 없는 친구였습니다. 그러나 그 친구와의 관계를 이리저리 생각하던 중에 오히려 '나'라는 것을 재확인할 수 있었습니다.

물론 소중한 사람과의 이별은 슬픕니다. 그 자리에 털썩 주저앉고 싶어집니다. 그러나 그것을 몇 번이고 되풀이하는 사이에 자기 속에서 무엇인가 변하는 것이 생깁니다. 죽음에 대한 마음의 준비와 같은 것이 생기고 '죽음을 받아들이자'는 기분까지 갖게 됩니다.

물론 늘 그런 '달관'이 가능한 것은 아닙니다. 죽음이 두렵지 않다고 말하면 거짓말이 되겠지요. 그렇지만 희미하기는 하지만 조금씩 죽음에 대한 마음의 준비 같은 것이 생기는 것이지요. 다른 관점에서 보면, 나는 타자의 죽음에 의해 우울증에서 벗어날 수 있었다고 말할 수 있습니다.

인간에게 가장 궁극적인 공포는 바로 '죽음'입니다. 그렇기 때문에 '노인의 힘'은 '죽음을 받아들이는 힘'이 될 수 있지 않을까요?

이렇게도 생각해 봅니다. 과거처럼 피라미드 형태로 인구가 구성된 사회라면 노인은 소수일 것이고, '죽음' 또한 특별하고 무서운 것이었겠지요. 그래서 사람들은 '저세상에 가면 고통에서 구원을 받는다'는 식으로 죽음에 의미를 부여하며 자기들이 견딜 수 있는 것으로 바꾸었던 것입니다.

그러나 오늘날과 같은 고령화사회에서는 죽음은 아주 흔한 것으로 바뀝니다. 특별한 의미를 가질 수가 없습니다. 그렇다고 죽음이 허무한 것이라고 말하는 것은 아닙니다. 죽음을 가볍게 여기는 것도 아닙니다. 나는 죽음이 두렵기 때문에 이런저런 의미를 부여하는 것과 반대로 '각오하고 있는 그대로 받아들이면 그만'이라고 생각합니다.

아이들이 죽음에 대한 공포를 느끼지 못하는 것은 죽음에 대해 모르기 때문입니다. 죽음에서 멀리 떨어져 있기 때문이지요. 그렇다면 죽음에 대한 두려움이 없는 아이로 돌아가면 됩니다.

그러나 여기서 강조하고 싶은 것은 둘 다 '두렵지 않은' 상태라고 해도 아이처럼 '모르기 때문에 두렵지 않은' 것이 아니라 적어도 죽음에 대해 다양하게 고민하고 마음의 준비를 갖춘 상태에서 '두렵지 않아야' 한다는 것입니다.

그것을 위해서는 자기 인생에 대해 깊게 고민할 필요가 있습니다. 고민을 피한다면 끝없이 두려움에 떨어야겠지요.

나는 그 경험 덕분에 과거보다 대담해졌고 좀 과장해서 말하면 '활이든 대포든 얼마든지 덤벼라'라는 기분이 들 때도 있습니다.

제2의 인생에 도전하다

이런 이유로 나는 나이 드는 것에 대해 '쇠퇴'의 이미지를 갖고 있지 않습니다. 그리고 두려울 것은 없다, 이렇게 단언하기는 어렵지만 그것이 이를테면 '자기 규제를 하지 않는다'는 의미로 쓰인다면 무턱대고 이런저런 일에 도전해 보고 싶습니다.

후쿠자와 유키치(福澤諭吉, 1835~1901)는 "한 몸으로 두 인생을 산다"는 말을 남겼습니다. 나 또한 그렇게 살고 싶습니다. 나라는 한 사람의 인간 속에서 두 인생을 살아 보고 싶습니다. 굳이 말한다면 두려움도 없고 분별도 없으니까 뭐든지 할 수 있지 않을까 하는 기분입니다.

동시에 나는 '젊음에 무한한 가치를 두는' 듯한 생각을 전복시켜 보려는 심술쟁이가 될 때도 있습니다.

4장에서 말했지만 일본에는 '젊음'을 선험적으로 귀하다고 생각하는 가치관이 존재합니다. 따라서 성차별이나 인종차별 등 여러 가지 차별에 대해서는 문제 삼지만 '나이 차별'만은 당연한 것으로 받아들입니다.

요즘도 "젊은이가 문화를 만든다"는 말을 하는 사람이 있는데 그건 좀 엇나간 이야기가 아닐까요? 과거처럼 젊은 사람들이 다수를 차지하고 있다면 모를까, 요즘의 상황은 분명히 다릅니다. 이제는 고령자가 문화를 만들어야 하는 시대입니다. 아니, 그보다 이렇게 생각하지 않으면 '2014년에 4명 가운데 1명이 예순다섯 살 이상이 되는 사회'의 미래가 사라집니다.

오카모토 다로(岡本太郎)는 일흔 살 때 텔레비전 광고에 나와서 "예술은 폭발이다"라고 말했습니다. 그가 그 나이에 그런 말을 할 수 있었던 것도 삶 속에서 몇 번의 도전이 축적되었기 때문에 가능하지 않았을까요? 따라서 "뭐든지 덤벼"라는 말을 할 수 있었을 것입니다.

두려움 따위가 없다면 앞으로 하고 싶은 것을 꿈을 꾸듯, 그러나 아주 진지하게 생각해 보겠습니다. 한 몸으로 두 인생을 산다면 이제까지의 인생과는 전혀 다른 것에 도전해 보고 싶습니다.

이 자리에서 무엇을 해보고 싶은지 말하면 좀 어이가 없을지도 모르겠지만 두려움이 없다고 말한 이상 감히 적어 보겠습니다.

가장 먼저 해보고 싶은 것은 배우입니다. 변신을 희망하는 것은 아니지만 어차피 할 것이라면 내 이미지와 정반대의 역할을 연기하면 좋겠다고 생각합니다. 예를 들면 전쟁 중의 '731부대'에 속한 피도 눈물도 없는 군인이지만 가정에서는 둘도 없이 다정한 아버지인 지독히 위선적인 악당, 또는 핵심적인 위치에 있지만 어중간한 성격을 가진 파시스트.

참고로 연극 공부를 한 적도 없고 연기 경험도 없습니다.

다음으로 하고 싶은 것은 영화를 만드는 일입니다. 이쪽은 꽤나 구체적인 계획을 가지고 있습니다. 여성 저널리스트인 님 웨일즈가 혁명가 김산의 인생을 엮은 『아리랑의 노래(Song of Arirang)』를 남북통일이 이루어지는 그날 한국·일본·중국·미국·러시아가 공동으로 제작하는 것입니다. 진지하게 만들면 너무 뻔한 것이 될 것이므로 뮤지컬로 만들고 싶습니다. 영화의 첫 장면은 롱테이크로 넓은 만주 들판을 한 남자가 걸어가는 모습입니다. 그는 아리랑을 낮게 부르는데 그때 조금씩 클로즈업이 됩니다. 물론 그 남자는 바로 접니다.

파라마운트나 유니버설 영화사에서 제작하고 싶고, 제작비는 50억 엔 정도면 될까요? 꿈같은 이야기라서 아마 웃으셨을 것입니다. 만약 내게 돈이 있다면 진심으로 모두 쏟아 붓고 싶습니다. 다만 노래를 배운 경험도 없고 춤을 배운 경험도 없습니다.

어떻습니까? 이 책의 담당 편집자에게 이 이야기를 했더니 "최강인데요"라고 웃음을 터뜨리고는, "고민하는 힘을 거쳐 최강이 된 뮤지컬 스타"라고 날 놀리더군요.

뻔뻔한 사람이 되자

좀 더 현실적인 꿈이 하나 더 있습니다. 그것은 예순 살이 될 때까지 '대형 이륜차' 면허를 따서 어릴 때부터 동경했던 할리데이비슨을 타는 것입니다. 이것은 내 계획의 필수 항목입니다. 그것을 위해 예순 살까지는 쓸 것을 모두 쓰고 맡은 일의 책임을 다해야겠지요. 만약 교통사고로 죽더라도 가족이 곤란하지 않도록 해야겠지만. 나는 아주 진지하게 생각하고 있습니다.

만약 실현이 된다면 오키나와에서 홋카이도까지 할리데이비슨을 타고 일본 종단 여행을 하려고 합니다. 그 다음에 한반도로 건너가 남북으로 종단 여행을 하는 거지요. 물론 그 이전에 남북통일이 이루어져 있어야겠지요.

왜 할리데이비슨인가 하면 내가 영화 〈이지 라이더〉 세대이기 때문일 것입니다. 내 경우 일반적인 오토바이는 의미가 없습니다. 할리데이비슨이 아니면 안 됩니다. 그것은 변하지 않는 결정 사항입니다.

나 스스로 왜 이렇게 할리데이비슨에 끌리는가에 대해 생각해 본 적이 있습니다. 최근에서야 비로소 그 해답을 찾았습니다. 그것은 '뻔뻔함'입니다. 개조한 오토바이 스타일인 할리데이비슨에는 단정한 예의 따위는 존재하지 않습니다. 그 몸체에 앉아 있으면 뻔뻔한 태도를 취할 수밖에 없습니다. 그게 좋은 것이지요.

생각이 거기까지 뻗어 나가자, 그것은 '고민을 통해 두려움이 사라지는' 것과 비슷하다는 느낌이 들었습니다. 아마 처음부터 뻔뻔할 수는 없겠지요. '진지하게 생각에 골몰한 끝에 뻔뻔해진다'는 것은 의미가 있습니다. '깊게 고민해서 꿰뚫어라'라는 의미입니다.

스테펀울프(Steppenwolf)가 노래한 '본 투 비 와일드(Born to be wild)'라는 유명한 〈이지 라이더〉의 주제가가 있습니다. '거칠게 살자' 쯤으로 번역을 할 수 있겠는데, '뻔뻔하게 산다'와 비슷한 의미가 아닐까요?

좀 발을 넓혀서 나쓰메 소세키와 막스 베버에 대해 생각해 보면, 그들은 고민하는 사람들이었고 진지한 사람들이었습니다. 막스 베버는 나쓰메 소세키와 견주어 보면 대담한 구석이 있었지만 그럼에도 정신병을 앓아 병원에 들어갔다고 전해질 만큼 목숨을 걸고 고민했던 사람입니다. 나쓰메 소세키는 웃고 있는 사진이 한 장도 없을 정도로 진지한 문학가였습니다. 엄밀하게 말하면 부자연스러운 웃음을 띠고 있는 사진이 한 장 남아 있기는 하지만 나쓰메 소세키는 평생 그것을 알아차리지 못했습니다. 그 정도로 나쓰메 소세키는 뻔뻔함이라고는 전혀 찾아볼 수 없는 사람이었습니다.

그렇지만 나는 나쓰메 소세키의 마음 어딘가에 뻔뻔함에 대한 동경이 있었을 것으로 생각합니다. 나쓰메 소세키가 친구인 마사오카 시키(正岡子規)와 자기를 비교해서 말한 적이 몇 번 있습니다. 나쓰메 소세키는 "시키는 천재지만 나는 천재가 아닌 수재일 뿐이다. 따라서 노력해야 한다"고 생각했습니다. 천재는 천성적으로 뻔뻔한 사람이지만 수재는 뻔뻔함이 없습니다. 나쓰메 소세키의 마음속에 그런 콤플렉스가 뿌리 박혀 있었기 때문에 더욱 분발해서 언젠가 자기도 뚫고 나가겠다고 생각했던 것은 아닐까요? 그런데 나쓰메 소세키는 뻔뻔해지기 전에 세상을 떠나고 말았습니다.

따라서 백 년 후인 오늘날 나쓰메 소세키가 하지 못했던 것을 내가 하고 있습니다. 나도 천재가 아닐뿐더러 나쓰메 소세키의 발뒤꿈치도 따라가지 못합니다. 게다가 나는 무슨 일을 하든 '슬로 스타터(Slow Starter)'입니다. 출발한 후에도 오랫동안 고민합니다. 그래서 두 번째 인생에서는 좀 뻔뻔해지고 싶은 것입니다.

미국의 바이크 클럽인 '헬즈 엔젤스'처럼 해골 아이콘을 달고 가죽 장화를 신고 뻔뻔한 모습으로 할리데이비슨 위에 걸터앉아 뻔뻔한 태도로 김정일의 머리에 알밤이라도 먹이고 싶습니다. 이런 정도는 충분히 생각할 수 있는 게 아니겠습니까? 백 년 전과 달리 고령자의 교란하는 힘이 세력을 넓히고 있는 세상에서 나쓰메 소세키가 하고 싶었지만 하지 못했던 것을 해보는 겁니다.

사실 지금의 시대는 여러 가지 의미에서 꿰뚫고 나가야 할 필요가 있습니다. 정치와 경제, 지식의 세계가 모두 가득 차 있습니다. 사소한 일 하나하나까지 간섭을 하거나 옥신각신해도 폐쇄감은 해결되지 않습니다.

주위를 둘러보면 소(小)악인이라든지, 소(小)악당, 프티 내셔널리스트, 프티 결벽증 등 '소(小)'나 '프티'가 붙은 것이 너무 많습니다. 너무 적당하게 사는 게 아닐까요? 이왕이면 좀 더 규모가 있는 느낌이 좋습니다. '조금 나쁜 아버지' 따위는 이제 그만둡시다.

젊은 사람들은 더 크게 고민했으면 좋겠습니다. 그리고 고민을 계속해서 결국 뚫고 나가 뻔뻔해졌으면 좋겠습니다. 그런 새로운 파괴력이 없으면 지금의 일본은 변하지 않을 것이고 미래도 밝지 않을 것이라고 생각합니다.

| 글을 마치고

살벌한 세상과 희망이 보이지 않는 사회. 지금의 일본을 한 가지 색으로 표현하라고 하면 어떤 색깔이 될까요? 나는 희미한 납색밖에 떠오르지 않습니다. 물론 그것은 내 눈이 어둡기 때문이며, 그래서 그런 비관적인 이미지를 품을 필요가 없을지도 모릅니다.

분명 급속도로 진행되는 낮은 출산율과 고령화, 경제력의 쇠퇴, 막대한 재정적자, 정치적 폐쇄 상황 등 부정적인 요소가 많지만 가족의 연대가 강하고 사람들 사이의 정을 실감할 수 있다면 고립감이나 우울증에 시달리지 않겠지요. 즉 사람들 사이의 유대와 관계, 커뮤니케이션이 상호 신뢰에 의해 지탱되고 그것이 각 개인의 정체성에 안도감을 줄 수 있다면 경제적 곤란이나 정치적 부정이 횡행한다고 해도 미래에 대한 희망이 희미해지는 일은 없을 것입니다.

그러나 지금 사회에는 고립감과 시기심이 가득하고 꿈과 희망은 위축되고 있습니다. "누가 이런 일본을 만들었는가." "2차 대전 이후의 의지는 사라졌는가, 이럴 리가 없다." 이것이 중년에 이른 어른들의 거짓 없는 속내겠지요.

많은 어른들은 영화 〈ALWAYS 3번가의 석양〉에서 볼 수 있는 인정미 넘치고 활기로 가득한 고도성장기의 일본에 대한 향수를 갖고 있습니다. 그러나 그것은 어떤 의미에서는 어른들의 현실도피를 위한 낭만주의에 불과합니다. 미래에 충분한 시간이 남아 있는 다음 세대의 사람들에게는 과거에 대한 향수에 젖어들 여유가 없습니다. 그보다 고도성장을 한번도 경험하지 못한 그들이 돌아가야 할 '잃어버린 일본'은 애초에 존재하지 않습니다.

사람을 소모품처럼 쓰고 버리는 가혹한 경쟁 시스템, 점점 얇아지고 약해지는 사회 안전망, '승자'와 '패자' 사이의 격심한 차이. 젊은이들이 견뎌야 할 현실은 너무나도 혹독합니다. 따라서 잔혹하고 박정한 취급을 받는 그들, 그녀들에게 세련된 정신론을 제시할 생각은 없습니다. 그런 일을 할 바에야 살아남기 위한 노하우를 가르쳐 주어야 합니다. 특히 비정규직 노동자나 실업자의 경우처럼 살아남아야 하는 입장에 있는 사람들에게는 하루바삐 자기방어책을 알려 주어야 합니다.

그러나 그렇게 해도 고민은 사라지지 않습니다.

'인간적인' 고민을 '인간적으로' 고민하는 것은 살아 있다는 증거이기 때문이지요. 그런 의미에서 이 책은 '늙어서 최강을 지향하는' 중년뿐만 아니라 오늘날을 살아가는 젊은이들에게 나름대로 도움이 될 것이라고 확신합니다.

이 책은 그 누구보다 아쓰미 유코(渥美裕子) 씨의 힘이 더해지지 않았다면 햇빛을 볼 수 없었을 것입니다. 특히 나쓰메 소세키의 작품 해석에 큰 도움을 받았습니다. 그리고 늘 그렇듯이 슈에이샤(集英社) 편집부의 오치아이 가쓰토(落合勝人) 씨에게 많은 신세를 졌습니다. 감사합니다.

2008년 4월 6일

강상중

| 글을 옮기고

예전에 선생의 책을 번역한 인연으로 여러 분들과 함께 강상중 선생을 뵌 일이 있었다. 그때 가장 인상 깊었던 것은 선생이 '우리'라는 주어를 아주 빈번히 사용한다는 점이었다. 처음에는 책 속에서 만난 예리하고 냉철한 지성의 소유자라는 이미지와 조금 거리가 있어서 생소했다. 그러나 '우리'에 익숙해지고 이런저런 이야기를 들으면서 책에서 떠올리지 못했던 편안함과 너그러움을 느낄 수 있었다. 그리고 다시 『고민하는 힘』을 통해 선생의 예의 예리한 지성에 더한 편안함과 너그러움을 느

끼고 맛볼 수 있었다. 그 전형적인 장면을 하나 꼽는다면 본문 말미에 나오는 할리데이비슨을 탄 '뻔뻔한' 선생의 이미지다. 그 모습을 상상하며 한참을 유쾌하게 웃었다. 잔뜩 고민을 안겨 주더니 마지막에 그 고민을 편안하고 너그럽게 감싸 안는 모습, 선생의 여전한 매력이다.

『고민하는 힘』은 본문에 군데군데 한국에 대한 언급이 있는 것에서 알 수 있듯이, 비단 일본에 국한된 주제와 문제만을 다룬 책이 아니다. 재일 한국인으로 살아온 이력에서 보듯 강상중 선생은 경계인이고 그래서 경계인에게만 보이는 세계와 그에 대한 고민이 이 책에도 담겨 있다. 그렇다고 심각한 표정으로 이래야 한다고 말하지도 않는다. 편안하고 너그러운 말투로 우리가 앞으로 어떻게 살아야 하는지에 대해 조심스럽게 전망하고 그 사례를 일본의 문학가인 나쓰메 소세키와 막스 베버의 눈을 통해 확인시켜 준다.

처음 책을 붙잡았을 때 왜 하필 나쓰메 소세키와 막스 베버일까에 대해 생각해 보았다. 최근 자본주의가 위기를 맞으면서 막스 베버가 다시 재평가되고 있는 분위기는 있지만 나쓰메 소세키는 좀 의외였다. 그러나 번역을 하는 동안 간간이 나쓰메 소세키의 책을 찾아 읽으면서 그 의문은 풀렸다. 그의 책을 모두 읽지는 못했지만 그간에 읽은 몇몇 소설들을 돌이켜 생각해 보면 평범한 이야기이지만 읽는 사람의 눈길을 잡아채는 매력이 있었다.

그리고 어느 책의 해설에서 "나쓰메 소세키는 사회에 위기 상황이 찾아올 때마다 매번 다시 등장하는 작가"라는 글을 보았다. 나쓰메 소세키는 잘 아는 것처럼 일본 근대문학의 아버지로 불릴 정도로 높은 작품성과 시대를 초월한 인기를 얻고 있는 작가다. 그것은 그 밑바닥에는 현대사회에도 여전히 통용되는 삶의 지혜가 반짝거리고 있기 때문임을 강상중 선생의 눈을 통해 이해할 수 있었다. 종교인류학자인 M. 엘리아데의 "본질이 존재에 선행한다"라는 거창한 말까지 끄집어내지 않더라도 시대를 초월해서 여전히 우리에게 빛과 그림자를 드리우는 이른바 '고전'으로 불리는 것이 있다면, 그런 의미에서 나쓰메 소세키는 현대사회를 설명하는 좋은 키워드임을 알 수 있었다.

『고민하는 힘』은 우리가 살아가면서 필연적으로 만나게 되는 여러 문제를 주제로 삼고 있고 예리하지만 편안한 안내자의 도움으로 쉽게 읽을 수 있다. 다만 그것을 실천하고 몸에 익히는 것은 고스란히 우리의 몫이다. 그러나 길을 잃고 헤매고 있을 때 누군가 지도를 건네준다면 그것만으로도 감사한 일이다. 지도를 따라 길을 찾는 것은 각자의 일이다. 물에서 건져 준 사람에게 보따리까지 내놓으라고 할 수는 없지 않은가.

저자의 말에 따르면 길을 찾고 보따리를 찾는 가장 좋은 방법은 고민하는 것이다. 고민 속에 거대한 미로와 같은 우리 삶에서 길을 찾을 수 있는 힘이 있다. 또한 우리가 서 있는 지점을 알 수가 있다.

막스 베버는 '의미의 거미줄(web of meaning)'이라는 말을 남겼다. 우리는 모두 의미의 거미줄에 매달려 있는 거미와 같다는 말이겠다. 우리는 이 거미줄에서 벗어나지 못한다. 다만 그 의미를 어떻게 이해하고 해석할 것인지는 상당 부분 우리에게 달려 있다. 그리고 그 길은 얼마나 깊고 넓게 고민하는가에 달려 있다.

그래서 강상중 선생의 『고민하는 힘』은 큰 공감을 불러일으킨다. 선생이 제안한 것처럼, 그리고 선생의 태도처럼 편안하고 너그럽게 삶을 돌아보며 진지하게 고민할 때다.

2009년 1월
이경덕

나쓰메 소세키와 막스 베버의 연보

나쓰메 소세키(夏目漱石, 1867~1916년)

1867년   2월 9일(음력 1월 5일) 에도 우시고메바바 시모요코초(현재의 신주쿠구 기쿠이초 1번지)에서, 아버지 나쓰메 고헤이나오카쓰(夏目小兵衛直克)와 어머니 나쓰메 치에(千枝)의 5남 3녀 중 막내로 태어나다.

1868년   시오바라 가의 양자로 입양되다.

1874년   공립 도다학교 부설 소학교 8학년에 입학하다.

1875년   양부모의 이혼으로 호적은 그대로 둔 채 본가로 돌아오다.

1876년   공립 이치가야학교 부설 소학교 4학년으로 전학하다.

1878년   4월, 이치가야학교 부설 소학교 8학년 졸업하다. 10월 니시키하나 소학교(오차노미즈 소학교의 전신) 보통과 2학년 후기 졸업하다.

1879년   도쿄부립 제1중학교 정칙과(正則科, 히비야 고교의 전신)에 입학하다.

1881년   생모 사망. 제1중학교 퇴학. 한학 공부를 하다(그는 한시를 애송할 정도로 한학에 일가견이 있었다). 사립 니쇼학사(二松學舍)에 입학하다.

1883년   간다 스루가다이의 세이리쓰학사(成立學舍)에 입학하다.

1884년   대학 예비문 예과에 입학하다(이미 영어 공부에 열중하고 있었다).

1886년   대학 예비문이 제1고등중학교(훗날 제1고등학교)로 개칭되다.

1888년   나쓰메(夏目) 가로 복적(復籍)하다. 제1고등중학교 영문과에 입학하다.

1889년   마사오카 시키와 교류를 시작하다.

1890년   도쿄제국대학 문과대 영문과에 입학하다.
1891년   딕슨 교수의 의뢰로『호조키(方丈記)』를 영역하다.
1892년   4월 징병을 피하기 위해 홋카이도의 평민이 되다. 5월 도쿄전문학교의 강사로 출강하다.
1893년   고등사범학교(훗날 도쿄고등사범학교)에서 근무하다. 신경쇠약에 걸리다.
1894년   폐결핵 초기 진단을 받다.
1895년   4월 친구인 스가 도라오(菅虎雄)의 알선으로 에히메 현 마쓰야마 중학교 교사로 부임하다(이 경험이『도련님』의 소재가 되었다).
1895년   12월 귀족원 서기관장 나카네 시게카즈(中根重一)의 장녀 교코(鏡子)와 약혼하다.
1896년   구마모토(熊本) 현 제5고등학교 강사로 취임하다. 교코와 결혼하다.
1897년   6월 생부 나오카쓰 사망. 7월 처 교코 유산.
1900년   영국 런던으로 2년간 국비 유학을 떠나다.
1903년   귀국 후 제1고등학교 전임 강사와 도쿄제국대학 영문과 전임 강사를 겸임하다. '문학론' 등을 강의하다.
1905년   1월 하이쿠 잡지『호토토기스』에『나는 고양이로소이다』를 발표, 연재를 시작하다.『런던탑』,『칼라일 박물관』,『환영의 방패』를 발표하다.
1906년   『도련님』,『풀베개』,『취미의 유전』을 발표하다. 목요회를 시작하다.
1907년   아사히신문사에 입사하다. 전업 작가의 길을 걷기 시작하다.『개양귀비(虞美人草)』를 아사히신문에 연재하다.
1908년   『갱부』,『몽십야』를 아사히신문에 연재하다.
1909년   『산시로』,『긴 봄날의 소품』,『그 후』,『만한 이곳저곳』을 연재하다.
1910년   위궤양으로 각혈하고 일시적이나마 위독해지다. 이를 슈젠지 대환(修善寺の大患)이라 부른다.『문』을 연재하다.

1911년	2월 문학박사 호칭을 거부하다. 8월 간사이에서 강연 후 위궤양이 재발하여 오사카에 입원하다.
1912년	『피안이 지날 때까지』, 『행인』을 연재하다.
1913년	심각한 신경쇠약으로 괴로워하다.
1914년	『마음』을 연재하다. 『나의 개인주의』를 강연하다.
1915년	12월경부터 기쿠치 간, 아쿠타가와 류노스케가 목요회에 참가하다. 『유리문 안에서』, 『길 위의 생』을 연재하다.
1916년	12월 9일 위궤양 악화로 『명암』 연재 중 사망하다.
1984년	1000엔권 지폐에 초상이 실리다.

막스 베버(Max Weber, 1864~1920년)

1864년	4월 21일 독일 튀링겐 지방 에르푸르트에서 태어나다.
1869년	프로이센 제국의 수도 베를린으로 이사하다.
1876년	폭넓은 독서를 바탕으로 「황제와 교황의 지위를 중심으로 본 독일사의 경과에 관해서」와 「나 자신의 하잘것없는 자아 및 부모님과 형제에게 바침」이라는 두 편의 수필을 쓰다.
1882년	하이델베르크 법과대학에 입학하다.
1883년	슈트라스부르크에서 지원병으로 1년 동안 군복무하다.
1884년	베를린 대학에서 수학하다.
1886년	괴팅겐에서 법학 국가시험을 치르다. 이후 스물아홉 살까지 본가에서 생활하다. 아버지와 반목하다.
1888년	사회정책학회의 회원이 되다.
1889년	박사학위 논문 「이탈리아 도시의 가게 공동체 및 산업 공동체에서 형성된 공공 무역회사의 연대책임 원리와 특별 재산권의 발달」을

	발표하다.
1891년	베를린 대학교수 자격 논문「국가법과 사법의 의미에서 본 로마 농업사」를 발표하다.
1892년	베를린 대학에서 로마법과 상법, 독일법을 강의하다.
1893년	마리안네 슈니트거와 결혼하다.
1894년	프라이부르크 대학에 경제학 정교수로 취임하다. 경제학 강의를 담당하다.「그리스도교 사회주의란 무엇인가」를 발표하다.
1895년	프라이부르크 대학 취임 강연('국민국가와 경제정책')을 하다.
1896년	국민사회협회의 회원이 되다.
1897년	아버지가 사망한 뒤 신경증과 우울증이 시작되다. 하이델베르크 대학 국민경제학 교수로 취임하다.
1902년	심한 신경쇠약 증세로 유럽 각지에서 투병 생활을 하다 다시 연구 활동을 시작하다.
1903년	병 때문에 정교수를 사직하고 명예교수가 되다.
1904년	세인트루이스 국제학술회의에 참가하기 위해 미국으로 가다.「사회과학 및 사회 정책 인식의 '객관성'」을 발표하다.
1905년	「프로테스탄트 윤리와 자본주의 정신」을 발표하다(1904~1905). 러시아어를 배워서 러시아혁명의 경과를 분석 연구하다. 사회정책학회에서 프로이센의 관료제를 비판하다.
1906년	「러시아에서의 부르주아 민주주의의 상황」,「러시아에서의 사이비 입헌제로의 이행」,「문화과학의 이론 영역에 대한 비판적 연구」를 발표하다.
1908년	친척이 운영하는 공장을 방문해서 노동자에 대해 조사하고 연구하다.「고대의 농업 구조」를 발표하다.
1909년	독일사회학회의 창립에 관여하고 총서『사회경제학 개요』의 편집을 맡다.

1910년 독일사회학회의 제1차 대회를 개최하다. 학회의 설립에 힘쓰다. 신비주의에 대한 문제의식을 갖게 되다.
1911년 『사회경제학 개요』의 1권인 『경제와 사회』의 집필을 시작하다. 「세계종교의 경제윤리」의 연구를 개시하다.
1912년 독일사회학회의 제2차 대회를 개최하다. 가치 판단의 과학적 취급에 대한 논의로 논쟁하다.
1914년 제1차 세계대전이 발발해 군에 입대하다. 하이델베르크의 야전병원 위원회에서 근무하다.
1915년 야전병원 위원회를 그만두고 비교종교사회학 연구에 몰두하다.
1916년 뮌헨에서 「유럽 열강 사이의 독일」을 강연하다. 『경제와 사회』를 집필하다. 「유교와 도교」 등을 발표하다.
1917년 활발히 정치 관계의 강연과 논문 발표를 하다.
1918년 독일 민주당에 들어가 계몽 활동을 벌이다. 빈 대학에서 강의하다.
1919년 어머니가 돌아가시다. 뮌헨 대학에서 강의하고 베르사유 강화회의에 전문위원으로 참석하다.
1920년 6월 폐렴으로 사망하다.

나쓰메 소세키의 작품들

※ 국내에 번역 소개된 작품은 출판사(옮긴이)를 밝혔다.

소설

『나는 고양이로소이다』(吾輩は猫である, 1905~1906년) : 문학사상사(유유정)

『도련님』(坊っちゃん, 1906년) : 문예출판사(오유리)

『풀베개』(草枕, 1906년) : 책세상(오석윤)

『초가을 태풍』(二百十日, 1906년)

『개양귀비』(虞美人草, 1907년)

『산시로』(三四郎, 1908년) : 한국외국어대학교출판부(최재철)

『그 후』(それから, 1909년) : 민음사(윤상인)

『문』(門, 1910년) : 향연(유은경)

『피안 지날 때까지』(彼岸過迄, 1912년) : 예옥(심정명)

『행인』(行人, 1912년) : 문학과지성사(유숙자)

『마음』(こころ, 1914년) : 이레(김성기)

『길 위의 생』(道草, 1915년) : 이레(김정숙)

『명암』(明暗, 1916년) : 범우사(김정훈)

단편 소설 · 소품

『런던탑』(倫敦塔, 1905년) : 을유문화사(김정숙)

『환영의 방패』(幻影の盾, 1905년)

『빈 거문고 소리』(琴のそら音, 1905년)

『하룻밤』(一夜, 1905년)

『해로행』(薤露行, 1905년)

『취미의 유전』(趣味の遺伝, 1906년): 을유문화사(김정숙)

『문조』(文鳥, 1908년)

『몽십야』(夢十夜, 1908년): 하늘연못(노재명)

『긴 봄날의 소품』(永日小品, 1909년)

평론 · 강연 등

<u>평론</u>

『문학론』(文學論, 1907년): 소명출판(황지헌)

『문학평론』(文學評論, 1909년)

<u>수필</u>

『생각나는 것 등』(思ひ出すことなど)(1910년)

『유리문 안에서』(硝子戶の中, 1915년): 문학의숲(김정숙)

<u>강연</u>

「현대 일본의 개화」(現代日本の開化, 1911년): 소명출판(황지헌)

『나의 개인주의』(私の個人主義, 1914년) : 책세상(김정훈)

<u>기행</u>

『칼라일 박물관』(カイライル博物館)(1905년)

『만한 이곳저곳』(滿韓ところどころ, 1909년)

<u>시집 등</u>

『소세키 하이쿠집』(漱石俳句集, 1917년)

『소세키 시집 인보부』(漱石詩集 印譜附, 1919년)

<u>신체시</u>

『종군행』(從軍行, 1904년)